制作
ラ 著

マンガでやさしくわかる人事の仕事

Personnel Department

日本能率協会マネジメントセンター

はじめに

本書は、はじめて人事の仕事に携わる人や、人事の仕事に興味をお持ちの方を対象に、その仕事の全体像や実務の進め方、心がけを整理したものです。

国内市場の成熟、労働力人口の減少、グローバル化による競争激化、そして、働き方の価値観の多様化……。10年前と比較すると、日本の労働環境は目に見えて大きく変化しました。それに伴い、人事に対する期待値は大きく高まっています。従来組織を維持するために社員を管理する役割を担ってきた人事は、今、人的資源を最大限有効に活用するべく創造と変革を志向する、経営のパートナーとしての役割を期待されているのです。

各章はマンガパートと解説の二段で構成し、人事担当の全体像を紹介しつつ、人事として押さえるべき最低限の知識や業務遂行のコツをつかめるよう工夫しました。人事を学ぶ第一歩として皆様のキャリアにお役立ていただくと共に、それぞれの人事のあるべき姿を考えるきっかけとしてご活用いただければ幸いです。

2016年2月

執筆者一同

マンガでやさしくわかる人事の仕事

目次

Part 2 採用する

会社の方針と現場理解に心を砕いた
そんな豊川さんだからこそ客観的で公平な採用ができるはずよ
ぼくが…

Part 3 評価と配置

Part 4 人を育てる・守る

Part 5 働きやすい職場を作る

Part 1

人事の仕事とは

Story1　まめっこの“ひとり人事”

実は今度人事を任されることになりまして
やるからには人事のプロフェッショナルを目指したいんです！
ほぼ「ひとり人事」なんですが…

人事が変われば人が変わり
会社は変わります

まめっこ
まめっこ
story1
まめっこの
“ひとり人事”
9月
まめっこ本社
「人事」ですか……!?
豊川進吾《とよかわしんご》（25歳）
そうだ

君が入社してくれたまめっこは社員が100名ほどの小さな食品メーカーだ
まめっこ社長
人事部はなく人事の業務は総務部の中に組み込まれているが……
会社を支えるのは「人」だ
さとう豆腐店
50年前豆腐屋として創業した我が社はこだわりを持って作ってきた豆腐を生かして
さまざまな商品を考え 作り販売してきたが
とくとくスーパー
まめっこ 豆乳
ドーナツ
まめっこ豆乳ぷりん
それらはすべて「人」によるものだ

残念ながら最近の我が社は
まめっこ専務
新商品開発も製造も売上げも伸び悩んでいる
そこでキミに
!!
「人事」を変えてほしいんだ
我が社にくる前　大手衣料品生産販売会社で大型店舗の店長として
多くの人と接し
980
夏のセ
多くの人を選び
育てた経験を生かして

「ひとり人事部」となって
まめっこの人事を改革してくれ！
はいっ！
まいったなぁ……
前の会社が大きすぎてやりたいことができなかったから転職したんだけど……

社長と専務じきじきに会社の人事を任されちゃうなんて…
頼んだぞ！
そりゃ確かにたくさんの「人」とやりとりしてきたけど…
まめっこ豆乳
別に人事部にいたわけじゃないし……
人事かあ
何とかして人事がどんな仕事か勉強したいトコだけど
まめっこ

「人」「事」…と
En
ん!?
人事専門コンサルティング
ソイション
人事専門のコンサルティング会社……?
あ　セミナーも開催してるのか
セミナー開催
申し込みはこちら
自腹で行ってみようかな…
数日後
人事セミナー
主催
ソイション
受付

本日は「人事セミナー」にお越しいただきありがとうございます
ソイションで取締役兼講師を務めております佐藤あやかです
日本の大学を卒業後アメリカで博士号を取得したのち日本に戻り――
外資系企業で人事としてキャリアを積みました
その後 弊社の設立に関わり
「人事のプロフェッショナル」として多くの企業様に対しコンサルティングをさせていただいております
かっこいいなあ…

ビジネスモデルや商品 サービスだけでは差別化が難しい時代になりました
だからこそ「人」に投資して他社との差別化を図る企業が増えてます
人材の採用
自己PR
免許・資格
履歴書
育成
新人研修
そして定着
これらのことに…

どう取り組むかという「人事戦略」を
人事戦略
ビジョン 経営理念
経営戦略
事業戦略
人事戦略
経営戦略と連動させて練る必要があるのです
「人」こそが企業を動かし
大きくする原動力です

必要な人材を必要なだけ採用し活用しながら成長させることで
ものすごいエネルギーと成果が生まれるのです

人事は経営戦略においてとても大事な
影響力が大きいやりがいのある仕事です
ぜひ皆さんも「人事のプロフェッショナル」になってください
なんか人事ってすごいな…

本日は大変勉強になりました！
ありがとうございます
次回はいつですか!? もっと人事を勉強したいと思いまして
私 豊川信吾と申します
ちょうだいします
まめっこの人事…？
はは はい！ あの ご存知なんですか？ 埼玉の会社なんですが…
あ いえ 若い方が人事に興味を持たれるのは珍しいので…
どちらの方かと

実は今度人事を任されることになりまして
やるからには人事のプロフェッショナルを目指したいんです！
ほぼ「ひとり人事」なんですが…
そうあなたが…
まめっこのひとり人事
まめっこ株式会社
総務部人事課
豊川信吾
次回の開催はまだ未定ですが個人的にレクチャーしてもかまいません
せっかく若い方に興味を持っていただいたんですから
ほんとですか!?ありがとうございます！
まず　ひとりが変わることで
改革をスタートさせてください！
まめっこ
人事が変われば人が変わり
会社は変わります

01

企業をとりまく変化と人事部の役割

マンガでは人事を対象としたセミナーでコンサルタントのあやかが「『人』に投資して、他社との差別化をはかる企業が増えています」と語りかけています（17頁）。これはどういうことでしょうか。

企業は人なり、という言葉があるように企業経営における「人」の持つ意味は非常に大きいものです。経営資源と言われる「ヒト、モノ、カネ、情報」のうち、「モノ・カネ・情報」だけがあっても経営は成り立たず、「人」の活動を企業目標の達成に結び付けることではじめて機能します。21世紀に入り企業を取り巻く環境が大きく変化し、高度成長期とその後に続いた安定成長期に比べ**経営の難易度が格段に高まっていることから、人的資源マネジメントに注目が集まっています。**

■変化1　社会変化のスピード化

ＩＴの発達により、情報スピードが速くなり、それに伴って社会全体の変化のスピードも加速しています。現在はこうした変化に柔軟に対応できるか否かが企業の生存を分けるようになりました。

■変化2　競争範囲の拡大

グローバル化時代の到来とともに、国内企業だけではなく世界中の企業との競争が当たり前の環境になりました。また、世界標準で見ると日本の賃金は決して安いとは言えず、より人件費を抑えられるところを求めて、国内の地方、さらには海外移管が増加しています。

■変化3　顧客ニーズの多様化

高度経済成長期にはテレビや車など世間一般に共通した「欲しいもの」がありましたが、その欲求が満たされた現在の日本市場は成熟期を迎え、ニーズが多様化しています。企業はこうした環境下で差別化し、勝ち抜くための競争を余儀なくされています。

■変化4　〝商品〟のサービス化

中核となっていた製造業の拠点が海外に移り、現在の日本の産業はサービス業（第三次産業）が中心となっています。さらに、市場が成熟期を迎えたことによる過当競争と顧客ニーズの多様化は、商品の差別化要因としてソフト部分の占める比重を増加させることになりました。これらはどうしても属人的資質の要素が強く、一部の仕事における熟練・経験の価値を相対的に低下させることになります。

これまで述べてきたような変化によって、現在、**人材は非常に重要な経営資源と位置付けられており、人事部には経営貢献度の高さが求められるようになっています。**１９７０年～１９８０年代の人事部は「均質性の高い集団の労働意欲を管理すること」がおもな役割でした。当時「日本的経営の三種の神器」と呼ばれた終身雇用制、年功序列型賃金、企業別労働組

企業を取り巻く環境の変化と人事部の役割変化

	社会変化	競争変化	顧客ニーズ	中心業種	人事の役割
高度経済成長期	緩やかに上昇傾向	国内	共通	製造業	均質性の高い集団の労働意欲の管理
成熟期	急激予測不可能	世界	多様化	サービス業	経営ビジョンの実現支援

合制度のもとで、労務管理や人事考課の運用、労使の調整役としての機能が中心でした。しかし現在は、経営ビジョン（経営目標）を達成するために、自社の求める人材をいかに確保し、育成し、活躍してもらうかの仕組み作りに大きな期待が寄せられています。

業績向上のためには、経営戦略から展開された人事戦略が遂行される必要があり、戦略的な活動をとるための人事部はこれまでよりももっと創造的でビジネスに対しての協調性が求められます。

新しい人事部の役割

- 人材管理の観点から、**「業績向上」に向かう仕組みを構築**すること
- 経営ビジョンに向かうために、**望ましい企業風土を作り上げる**こと
- 経営戦略遂行時における人材調達や人件費管理の課題解決など**経営戦略遂行における人材面での貢献を行うこと**
- 従来の人事部としての業務を、高品質で低コストに運営すること

02 人事戦略と人事制度

人事戦略とは、経営ビジョンを実現するために経営戦略から展開された人材管理上の戦略です。具体的には、どのような人材をどのような方法でどの程度採用するかを示す**採用戦略**、どのようなキャリアパスを作り、どのように育成をしていくかを示す**育成戦略**、誰をどのように定着させるかを示す**定着戦略**に分類されます。

人事戦略は、経営戦略・事業戦略と連動して作成されることが大前提です。具体的には、事業戦略を実行するための組織、その組織を作るために必要な役割や人材像を具体化し、それをどうやって実現するかを戦略として考えています。そのため、現状を適切に理解することが重要で、コスト投入や時間的な猶予を考慮に入れつつ、人材の採用・育成・定着戦略を検討します。もちろん、少子高齢化による労働人口の減少、売り手市場などの労働マーケットの変化を踏まえて考えなければ現実的な戦略とはなりません。人事戦略とは、こうした内部・外部の情報を総合的に検討しながら策定していきます。

こうして策定された人事戦略は、**人員計画**として具現化されます。人員計画は、狭義には**定員計画**、**要員計画**、**人員計画**の3つに分けられます。

会社の方向性と人事戦略の展開

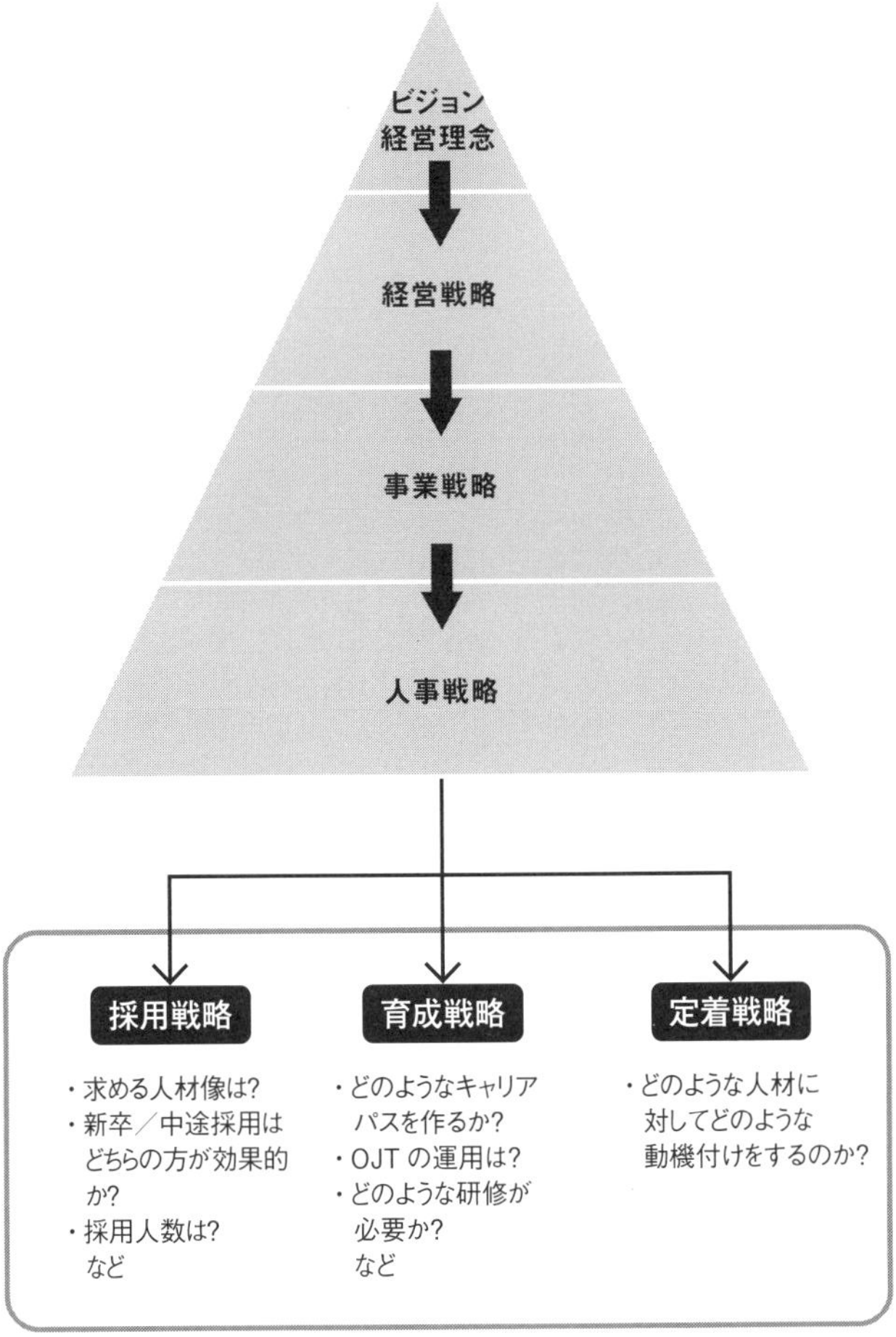
ビジョン
経営理念
経営戦略
事業戦略
人事戦略
採用戦略
・求める人材像は?
・新卒／中途採用はどちらの方が効果的か?
・採用人数は?
など
育成戦略
・どのようなキャリアパスを作るか?
・OJT の運用は?
・どのような研修が必要か?
など
定着戦略
・どのような人材に対してどのような動機付けをするのか?

まず、**定員計画**とは、事業戦略をもとに目標達成のために必要な組織の人員数を計画することです。人件費予算計画を立てるための指標にもなります。

次に、**要員計画**ですが、定員計画と現場の実情のギャップと、人件費予算を踏まえ、固定的人員か繁忙期のための流動的人員かなど、どのような雇用形態の人材を何人配置するのかを計画することです。

また**人員計画**は、要員計画で立案された内容を元に、具体的に誰をどこに配置するかを計画することを言います。採用、異動、出向、転籍の検討などがこれに当たります。こうした人材の流れのことを**人材フロー**と呼びます。ここでは必要人数を割り当てるだけではなく、今後どのように育成していきたいかや個人のキャリア目標も踏まえた検討が大切です。

人事制度とは、企業が人材管理をする上で基本とする公式な仕組みを指します。具体的には、人材マネジメント上の序列付けである等級制度、人材をどう評価するかを定めた**評価制度**、給与の決定の根拠となる**報酬制度**の3つの柱があります。これらは相互にリンクしているので、一貫性が取れていなくてはなりません。まずはそれぞれが何を示しているのか、どのような効果があるのかを見ていきましょう。

人材フロー用語一覧

用語	定義
入社	特定の会社に入り、その社員になること
異動	転属・駐在・転勤・出向などをまとめた表現
昇格	等級制度において、現在の等級から上がること
降格	等級制度において、現在の等級から下がること
昇進	現在の職位（役職などのポスト）より上位に任用されること
降職	特定の職位から外れること
転属	所属する部署・部門が変わること
駐在	海外など、一定の場所にとどまって業務を遂行すること
出向	社員としての契約形態のまま、関連会社など他社で勤務すること
休職	会社の規定に基づき、一定期間業務が免除されること
復職	休職を経て業務につくこと
転籍	社員としての雇用形態を解除し、他社に籍を移すこと
退職	労働契約を解除すること

人員計画のイメージ

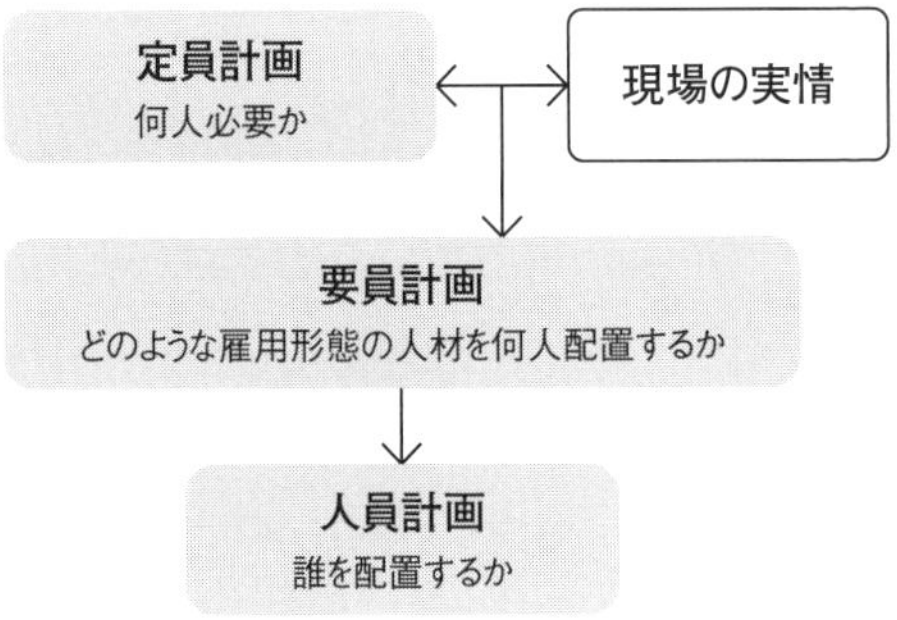
定員計画
何人必要か
現場の実情
要員計画
どのような雇用形態の人材を何人配置するか
人員計画
誰を配置するか

まず、**等級制度**について説明します。等級とは人事上の格付けのことで、組織上では役職や職位で表されることもあります。具体的にはそれぞれの等級ごとに「どのような役割が求められているのか」「どのように行動してほしいのか」「どのような能力が必要とされているのか」などを示します。この制度は社内のキャリアステップを示すため、人材開発の指標となります。

次に**評価制度**ですが、これは企業側がそれぞれの人材に期待したことが対象期間にどのくらい発揮されたかを確認するものであり、評価結果は給与や賞与などの報酬や人材配置にも反映されます。また被評価者の課題や改善点を明らかにすることで成長を促すという育成のための情報にも使われます。評価の納得感のためには、何をどのように評価するか、いつ誰が評価するかを明確にしておくことが重要です。

最後に、**報酬制度**は給与・賞与などを決定するルールを指します。前提として、等級制度・評価制度と連携している必要があります。

人事部に求められる役割が変化している今日、人事制度の目的は、「会社のビジョン実現のためのマネジメントツール」として機能することです。つまり、**短期的には経営目標の実現、そして中期的には、会社が継続的な発展を促す仕組みでなくてはなりません。**

ビジョン実現に向かうための人事制度には、自社の向かう方向がどちらで、社員にどのようなことを意識し、行動してもらいたいのかを示す必要があります。つまり人事制度はビジョン実現の道筋を具体的に示した「会社から社員へのメッセージ」とも言えるでしょう。

人事制度をビジョンに向けた効果的なツールとするには、次の３つのポイントがあります。

①ビジョン達成に向けて会社が社員に求めることがわかること

企業がどのような行動や成果を求めるのか、それがどうやって評価されるのかが明確であることが重要です。またそこに記載されている能力を発揮したり行動を起こす

人事制度の構成

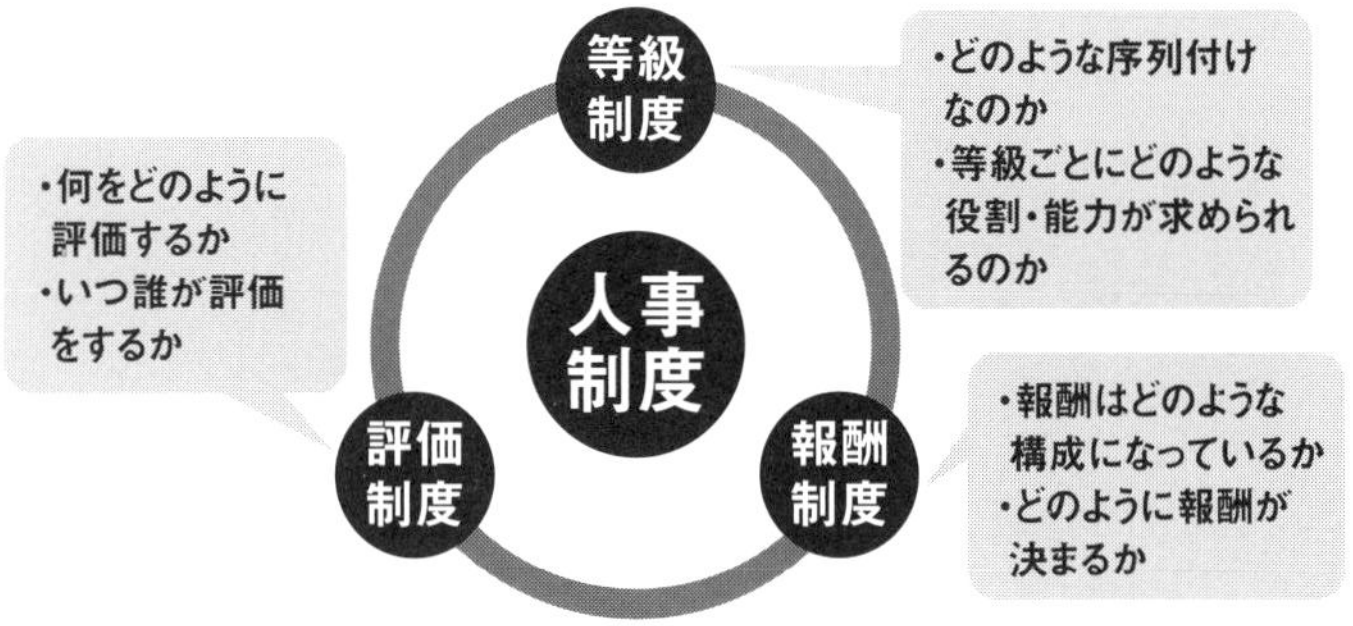
人事制度
等級制度
・どのような序列付けなのか
・等級ごとにどのような役割・能力が求められるのか
評価制度
・何をどのように評価するか
・いつ誰が評価をするか
報酬制度
・報酬はどのような構成になっているか
・どのように報酬が決まるか

ことの結果が会社のビジョン達成に近付くものでなくてはなりません。

②シンプルで運用がしやすいこと

制度は運用が〝肝〟です。そのため、あまり精緻に作りこんで、制度が硬直化し、使いにくい制度になってしまっては元も子もありません。

また、この変化の時代、自社のビジョンを実現するために必要な要件も変化する場合がありますので、常に今の人事制度が自社に適しているのかをチェックし、必要な改定を行うことが大切なのです。

経営ビジョンと人事制度の関係

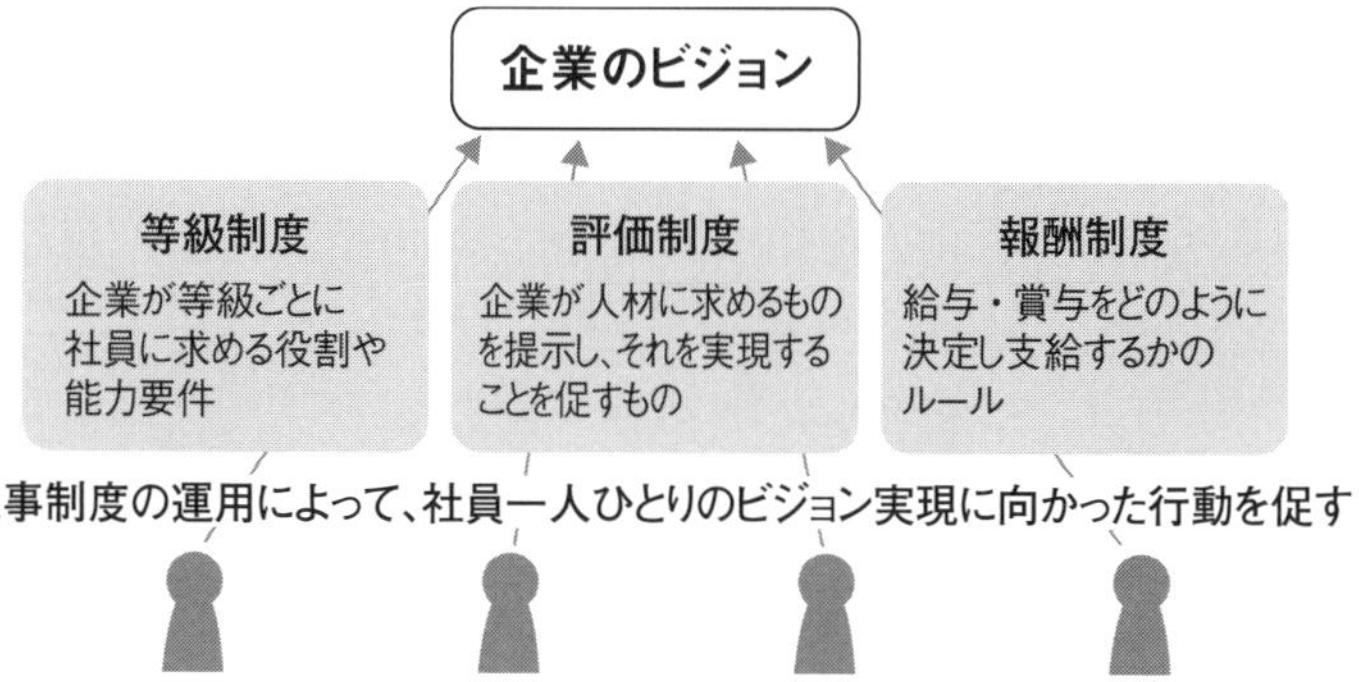
企業のビジョン
等級制度
企業が等級ごとに社員に求める役割や能力要件
評価制度
企業が人材に求めるものを提示し、それを実現することを促すもの
報酬制度
給与・賞与をどのように決定し支給するかのルール
人事制度の運用によって、社員一人ひとりのビジョン実現に向かった行動を促す

③業績に応じた処遇のコントロールがしやすいこと

組織への貢献に応じた社員の処遇をきちんと行うことは、人件費管理という観点でも、社員のモラール維持という観点でも重要です。

日本企業の多くは、経済が右肩上がりの時代に年齢が上がると給与が増えるという年功序列の仕組みを用いてきました。しかし、経済が低成長の時代には、その仕組みは破綻します。給与が高いほど社員はうれしいものですが、人件費の原資は限りがあります。経営の観点では、どのように効果的に人件費原資を分配するかを考えなくてはいけません。

人事制度の全体像の例

等級制度
企業が等級ごとに社員に求める役割や能力要件

評価制度
企業が人材に求めるものを提示し、それを実現することを促すもの

報酬制度
給与・賞与をどのように決定し支給するかのルール

区分	等級	役割(要件)	評価項目		報酬	
管理職	5	組織の戦略策定や意思決定を行い、組織的に展開するとともに、その遂行結果についての実行責任を負う	業績	組織目標達成度	800万円～	年俸制
			行動	①マネジメント(上級) ②リーダーシップ(上級) ③人材育成(上級)		
	4	課レベルの組織、または部署横断プロジェクトを統括し、部門あるいは全社に影響を与えるような新しい価値創造を行うことで、部門または全社の収益に貢献する	業績	組織目標達成度	600万円～800万円	
			行動	①マネジメント(初級) ②リーダーシップ(初級) ③人材育成(初級)		
一般スタッフ	3	専門性が職種内でトップレベルであり、安定的に高い業績を挙げているいると共に他者を指導することができる。 チーム目標達成に向けてマネジャーを補佐している。	業績	業務目標達成度	500万円～600万円	月給制
			行動	①コミュニケーション(上級) ②顧客志向(上級) ③仕事の品質(上級)		
	2	チーム内における実務的な職務を上位識者からの指示・指導のもとに遂行する。また、自らの判断ですべて適切に遂行する。後輩に担当職務のすべての実務を指導することができる	業績	業務目標達成度	400万円～500万円	
			行動	①コミュニケーション(中級) ②顧客志向(中級) ③仕事の品質(中級)		
	1	チーム内における実務的な職務を上位者からの指導のもとに遂行する	業績	業務目標達成度	300万円～400万円	
			行動	①コミュニケーション(初級) ②仕事の品質(初級)		

03 人事部の仕事と年間スケジュール

人事の仕事領域はとても広く、大きく採用、評価・配置・異動、育成、給与、労務・厚生、職場の活性化支援に分けられます。

スタッフとして人事に異動した場合、まず担当するのは実務担当者かアシスタントです。これは、単なる事務作業だと捉えられることが多いですが、実際はそうではありません。例えば社員の給与や採用の合否、期末の評価結果など、いずれの分野にも誤りがあると会社に対する信頼性が大きく揺らいでしまうような業務が含まれています。

ですから「こなす」ことを重視するのではなく、その業務が全体にどう影響するのかを考えながら目的志向を持って慎重に業務を遂行することが求められます。また給与計算や社会保険料の納付など明確に期日が決まっている仕事がある一方、採用業務の候補者への連絡は他社よりも早く行うことが良い結果につながるなど臨機応変さが求められる仕事もあります。

ステップアップすると、運用管理を担うようになります。運用管理といえども、現状業

業務の役割イメージ

職務	責任者	中堅	新人
採用	・人員計画策定 ・採用方針策定	・採用実務計画 ・一連の運用管理	・応募受付 ・面接日程調整
評価 配置 異動	・人事制度方針策定および設計 ・評価調整 ・配置、異動調整	・人事制度設計支援 ・人事制度の説明 ・配置、異動における社内調整	・特になし
育成	・育成方針策定	・教育プログラム設計運営	・研修実施準備 ・社内連絡
給与	・人件費管理 ・給与支払い処理承認	・社会保険手続き ・給与計算	・給与計算実務アシスタント
労務 厚生	・就業規則管理 ・労働組合対応	・福利厚生実務 ・入退社、異動手続き ・規程整備、改定 ・労務案件対応	・労務厚生実務アシスタント
職場の活性化支援	・活性化方針策定	・活性化施策の企画、遂行	・施策運営アシスタント

務の維持をするだけでは役割を果たしたことにはなりません。スタッフを育成したり、日々効果や効率のための改善を意識しながら取り組むことが必要です。

また管理部門である人事部は、社内の各部門との調整が発生することも多く、その窓口として責任を持つのが運用管理者です。時に人事部は、例えば新卒採用の場面における会社説明会への参加など、現場の社員に本来の仕事以外の仕事を依頼することがあります。現場の状況を理解しながらも、どういう趣旨でどういうことを、なぜ、その人にお願いしたいのかをきちんと伝え、協力を仰げるようコミュニケーションをとる必要があります。

さらにキャリアアップして責任者になると、方針策定や計画立案を担当するようになります。ビジョンの実現に人事面から貢献するために、毎年人員計画を策定し、採用、評価・配置・異動、育成、給与、福利厚生、その他の施策に落とし込みます。この役割を果たすためには人事知識だけでなく目標達成に向けた戦略的思考力や課題解決力が求められます。

人事部門内では、大きく分けてスペシャリストになるか、各仕事を経験してマネジメントになるかの2つの道があります。また、社内にとどまらず、経験を積んで研修講師や社会保険労務士や人事コンサルタントとして転職や独立をして活躍するケースもあります。

さて、人事の仕事は多岐にわたっていますが、給与計算や社会保険料の納付などの月次で進めるもの、年末調整、新卒採用、昇給・昇格のように年次で進めるものなど、スケジュールが決まっている業務が比較的多いです。そういう意味では繁閑がわかりやすいのも、人事の仕事の特徴と言えます。

前述の通り、一般に、新任担当者が任されるのは、採用、教育、給与計算のいずれかの実務アシスタントです。従業員数が多い大手企業であれば、これらの実務は「採用課」、「人材開発課」、「労務管理課」など人事の仕事の中でも細分化された部署構成になっているケースがほとんどです。一方、中小企業の場合は、人事部がこれらの仕事全般に携わることが多いでしょう。企業によっては、新卒採用や年末調整など、一時的に業務が繁忙になる時にだけアルバイト社員を採用したり、外注したりすることもあります。

とはいえ、**どの仕事を担当するにせよ、他の業務とのかかわりを意識することが人事担当者としては重要**です。自分の担当範囲外の業務には何があり、それがどのようなスケジュールで進んでいるのかという全体像は、最低限把握しておくとよいでしょう。

具体的な仕事内容はＰａｒｔ2以降で触れていきますが、39頁に時期ごとにどのような仕事があるのかをまとめました。

人事部に配属された新人の年間スケジュールの例

	採用：今年度採用	採用：来年度準備	教育	その他
3月	エントリー受付・会社説明会実施		内定者フォロー内定者教育	・評価（下期）
4月			・入社式	・人事異動発令 ・昇進昇格発令
5月			新入社員研修・仮配属	・労働保険の年度更新手続き・納付
6月	新卒採用者選考			・夏季賞与支給
7月		インターンシップ	階層別・目的別研修等	・夏季休暇取得期間
8月				
9月				・評価（上期）
10月	・内定式			・健康診断の実施
11月		就職サイトへの掲載準備	内定者フォロー・内定者教育	・年末調整
12月				・冬季賞与支給
1月				
2月				

これらに加えて中途採用など会社のニーズに対応するもの、退職や社員の結婚など社員の変化に伴って業務が発生するもの、現場で起こる労務問題への対応などが随時発生します。対応方法が決められた業務もありますが、臨機応変さが求められたり、法律の改正やその時々の状況によって対応が変わったりする場合もありますので、注意が必要です。

人事業務のスケジュールが影響を受けるのは、例えば、新卒採用においての求人募集開始時期や選考期間です。近年は採用活動の前倒しが進んでいますが、学生が学業に専念できないなどの理由から、日本経済団体連合会（経団連）が倫理憲章や指針を定めて、一定の時期以降に採用活動するよう促すということがあります。自社がどういう方針で活動するか、採用上の競合の動向も見ながら、戦略的に考えていく必要があります。

また、給与計算業務においても、法律改正によって業務のスケジュールや手順が変わることがあります。計算業務にシステムを使用している場合は、これによりシステムの改定などが必要になる場合もあります。

時代の変化によって新たに施行された法律が、人事の新たな仕事となる場合もあります。例えば、２０１４年６月公布、２０１５年12月に施行された改正労働安全衛生法です。従業員50名以上の全事業所でストレスチェックが義務化されたこの法案を通じ、人事観点からの職場環境の整備・改善への期待が高まっています。また、２０１５年に導入されたマイナンバー制度の運用も人事部の新たな仕事と言えます。適切な手段で管理を行い、従業員の特定個人情報が漏洩しないよう対策を打たなければなりません。

新人として配属された場合は、まずは先輩や上司からの指示で対応方法が決められた業務を任されることが多いのですが、法律の改正やその時々の状況によって処理方法を見直す必要があることを覚えておいてください。

Column

人事制度の昔と今、これから

人事制度は時代の流れとともに変わっていきます。ここでは人事制度の歴史的変遷を見ていきましょう。

1970年代までは、一旦会社に入れば年々給与やポストが上がっていた時代で終身雇用がごく普通のことであり、「年功主義」が一般的でした。そのような高度経済成長期から安定成長期を経て1980年代に入ると、バブル景気の下、ポスト不足に対しての処遇を考え、新たに「職能主義」と呼ばれる人事制度が一般的になりました。

さらに1990年代に入るとバブルがはじけて雇用が流動化し始めます。そのため企業は業績に見合った人件費調整を行うために欧米のように「成果主義」を取り入れ始めます。

しかし不景気下では企業側にしかメリットを見出せず、現在「役割主義」という制度に移行してきています。役割主義は、役割の重さを軸に等級を作り、さらにその役割が遂行されている度合いで報酬を決める仕組みです。職務よりも緩やかな役割という考え方で、外部環境の変化にも対応しやすく今の時代に合っている制度と言えます。

グローバル化がより一層進むことで、今後も人事制度のトレンドは変わり続けることでしょう。現状に固執せず、外部環境や企業・社員の変化に応じて最適な制度設計を模索し続けることが大切なのです。

	1970年代	1980年代	1990年代	2000年代
人事制度	年功主義型	職能主義型	成果主義型	役割主義型
背景	均質的集団のモラール維持・向上	ポスト不足対策	ホワイトカラーの生産性低下	短期志向の行き過ぎ
雇用	終身雇用（長期雇用）	転職の一般化が進むも長期雇用が主流	雇用流動化 雇用形態の多様化	
処遇の機軸	役職（勤続年数、年功）	資格	職務	役割
評価	潜在能力 態度 人物	潜在能力評価中心	成果重視 目標管理制度（MBO）の普及 発揮能力	業績・発揮能力 行動
給与	・定期昇給／ベースアップ尊重 ・安定した賞与支給	・賃金体系は年功色強い ・複線型人事制度 ・バブル経済によりベア・賞与は高水準を維持 ・査定反映部分の拡大	・会社業績との人件費の連動性強化（人件費の変動化） ・属人手当ての廃止 ・確定拠出年金、退職金前払い制度の普及	仕事の価値に応じた給与での経営合理性の追求

04 人事担当者に求められる姿勢や心がまえ

外部環境の変化により、人事部の役割も変化しているということを前項までに学びました。ではこれからの時代、人事部員として求められる活動や心がまえとはどのようなものでしょうか。ここではホロニクス・モデルを見ながら考えてみます。

ホロニクス・モデルはミシガン大学ビジネススクールの教授であるアンジャン・V・セイカーが2000年に提唱した、企業における各部門の価値創造活動を示すチャートです。彼は、価値創造の活動を「管理（Control）」「競争（Compete）」「創造（Create）」「協調（Collaborate）」の4種類に分けて整理し、これからの時代にそれぞれの部門がどういうことを意識して活動していくのが望ましいかを説いています。今までの人事部をこのモデルで表すと、第一に「管理」、第二に「協調」に重きが置かれ、「創造」と「競争」はゼロに近い状態となっていました。これは、労使交渉、各法律への準拠、福利厚生サービスなどの事務が中心となり、創造的な価値は必要ないと捉えられていた背景があるからです。しかし、これからはこの考えを改める必要があります。これからの人事部に期待されるのはどのように組織の成長に貢献できるか、ということです。例えば、社員の変化に対する動

ホロニクス・モデル

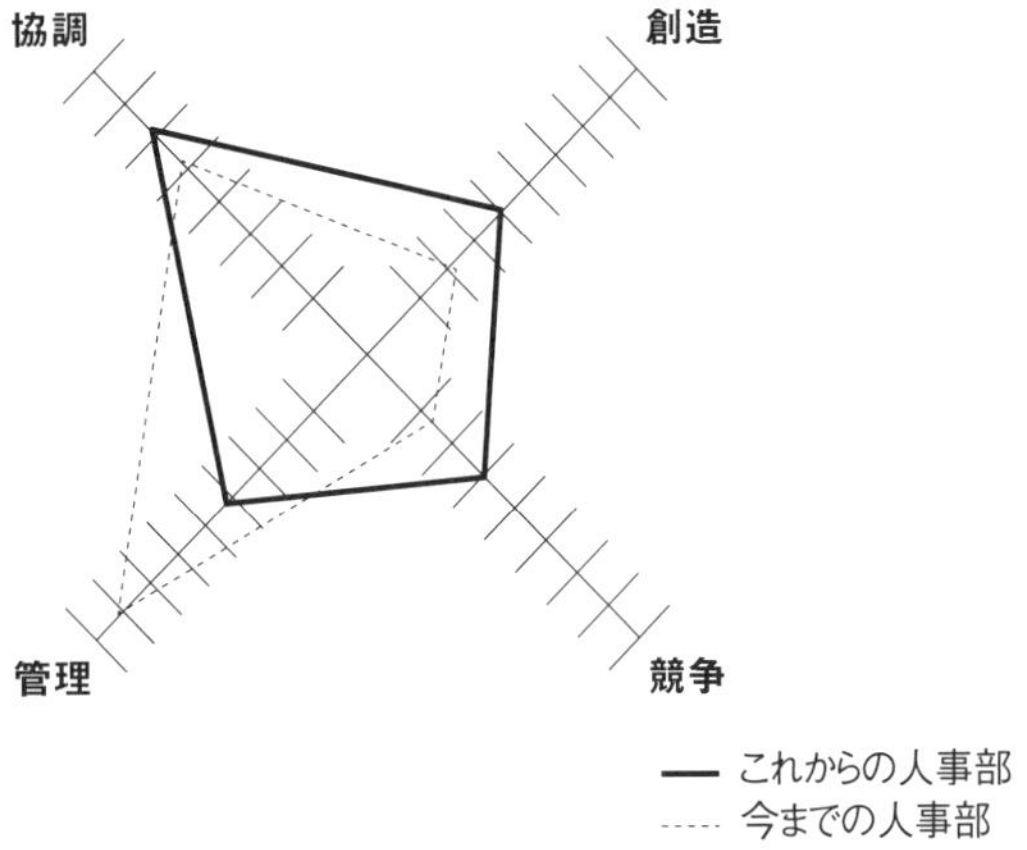
協調
創造
管理
競争
これからの人事部
今までの人事部

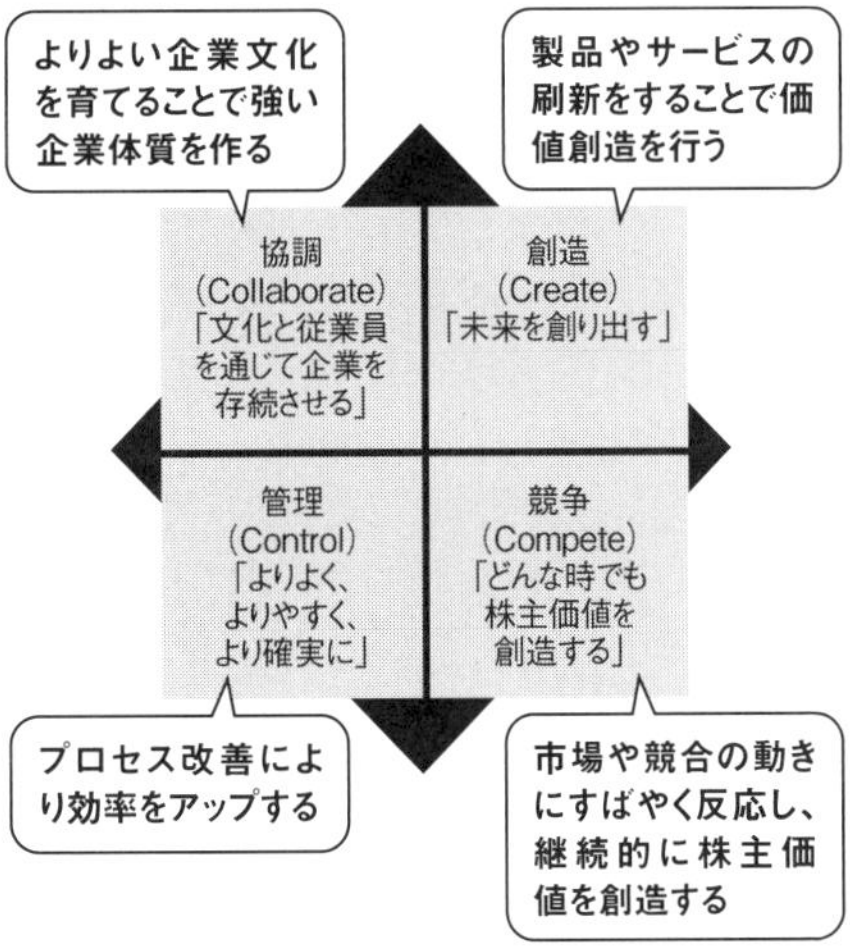
よりよい企業文化を育てることで強い企業体質を作る
製品やサービスの刷新をすることで価値創造を行う
協調
(Collaborate)
「文化と従業員を通じて企業を存続させる」
創造
(Create)
「未来を創り出す」
管理
(Control)
「よりよく、よりやすく、より確実に」
競争
(Compete)
「どんな時でも株主価値を創造する」
プロセス改善により効率をアップする
市場や競合の動きにすばやく反応し、継続的に株主価値を創造する

出典：『バリュー・クリエーター』アンジャン・V・セイカー著、松林博文訳（ダイヤモンド社）より

機付けや、広い視野と熱意があって変化を恐れない人材の採用や育成などがあります。「ホロニクス・モデル」で表現すると、「協調」に一番重きが置かれ、「創造」「管理」は二番、競争は最後だが、これまでよりも求められる、という感じです。

これまでの「管理」偏重よりは、よりバランスのよい活動が求められるということが理解できます。「競争」については、優れた人材を効果的に自社に引き込む、ということこれまではそれほど重要視されていなかったスキルが求められるようになったからです。

人事担当者としての具体的な業務内容や、それを行う上で求められる心がまえ・姿勢は、この後のパートで触れていきます。

Part 2

採用する

Story2　人を採るってこんなに難しいの？

面接官に適した人材は以下の3要件が考えられます
ひとつめは…
社員としての能力が高いこと

中途採用の業務をこなして経験を積みながら
しっかり準備して
まめっこにとって最高の新卒採用をしてみせます！

part2
人を採るって
こんなに難しいの!?
中途採用ですか……
そうだ
まめっこ総務部長
森田　正
我が社では来年度久しぶりに新卒採用を実施して
再来年度から新卒社員を迎え入れる予定だ
だから豊川君には今年のうちに人事を
特に採用について熟知してもらいたいんだ
今回　退職者の代わりに1名
営業を中途採用することになった

今回の採用に
しっかり関わって
経験を積んで
ほしいんだよ
これ、応募のあった人ね
履歴書……
まだ3通しか
届いてないいん
ですか？
有名企業って
わけじゃ
ないからな
はあ…
3名集まった
だけでも上出来だ
3名いれば
選べる
わけだし
数日後に行われた面接——
ところが
ふたを開けてみると
1名がドタキャンして
たった2名の面接に…
2名か…
採用するなら
こっちの人かなぁ
ハキハキ回答
しているし
仕事できそうだし……
まめっこ

ところがさらに…
まめっこ
辞退!?
ウチより大きな会社も受けていてそちらの採用が決まったらしい
でも今さら落とした方に「やっぱり採用」とは言えないしなぁ
……
たったひとり採用するのもこんなに大変なのか…
そうだ!
こんなとき佐藤さんだったらどうするんだろう?聞いてみたいけど…
求人スクエア

人事について個人的にレクチャーしてもかまいません
…って言ったのに忙しいのか全然会ってくれない
まあそうだよな……
求人スクエア
よ～～しこうなったら——
カッ
カッ
ソイション

お待ちしてました！
あなたまめっこの…
豊川信吾です
今日こそ教えてくださいい人事を！
今日…!?
個人的にご指導いただけるというお話だったんで厚かましいのを承知で押しかけました
一日も早く中途採用を成功させたいんです！
…というわけで
まずは採用のレクチャーだけでもお願いします！

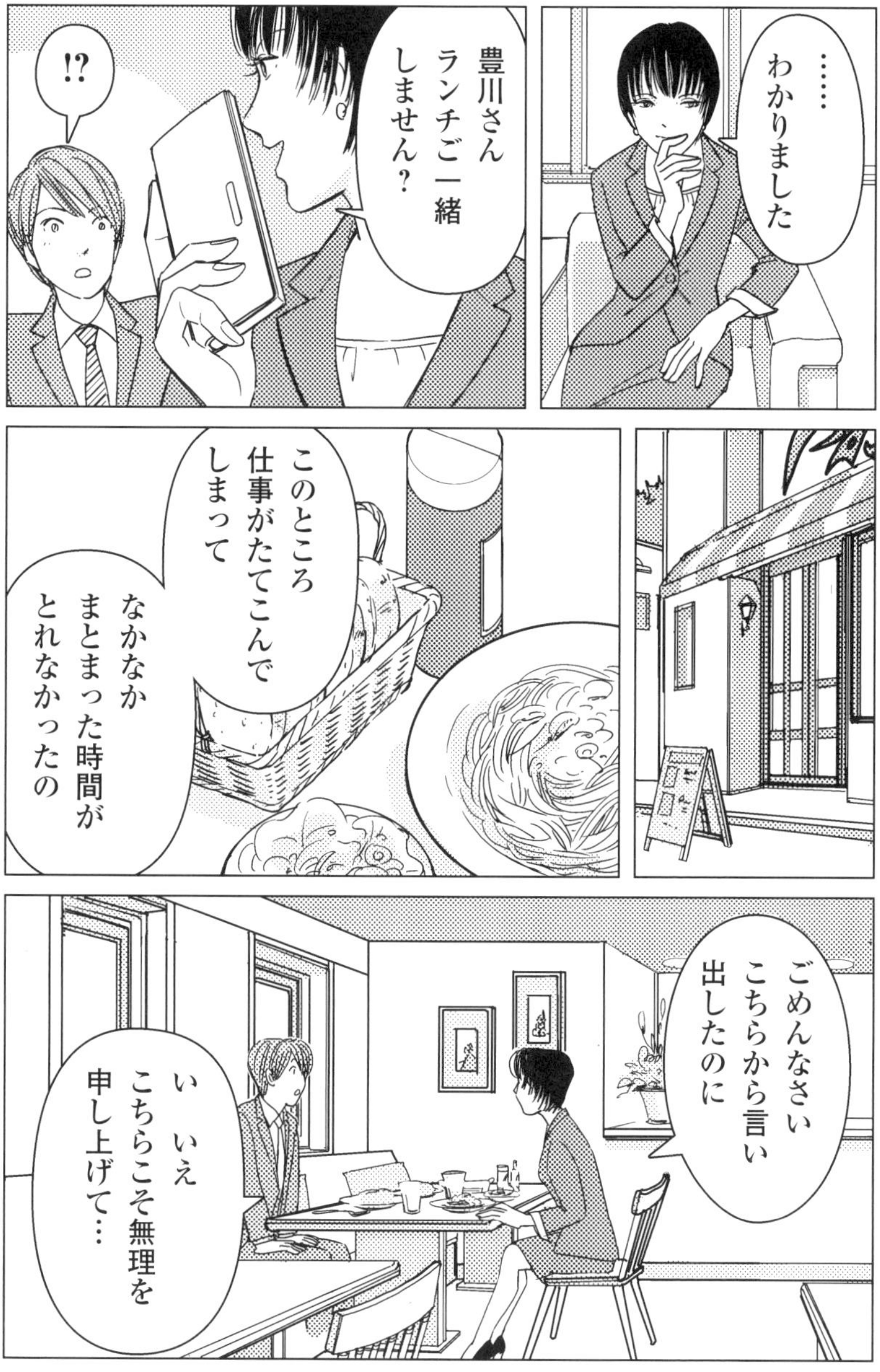
……わかりました
豊川さん ランチご一緒しません？
!?
このところ 仕事がたてこんでしまって
なかなか まとまった時間が とれなかったの
ごめんなさい こちらから言い出したのに
い いえ こちらこそ無理を申し上げて…

御社からは遠いかもしれませんが
昼食をとりながらレクチャーというのはどうでしょう？
遠いなんてとんでもない！ありがたいお話です
佐藤さん本社の場所もご存知なんですね
弊社と前からお付き合いが？
いいえ好きなんですよ
まめっこの豆乳スイーツが…
そうなんですか
まめっこの商品をもっと食べてもらうためには
新発売！
まめっこ豆乳ぷりん
アンケート
新発売で一す！
どのような商品が求められているかというマーケティングの視点や
どのように商品を知ってもらうかという戦略も大事ですが

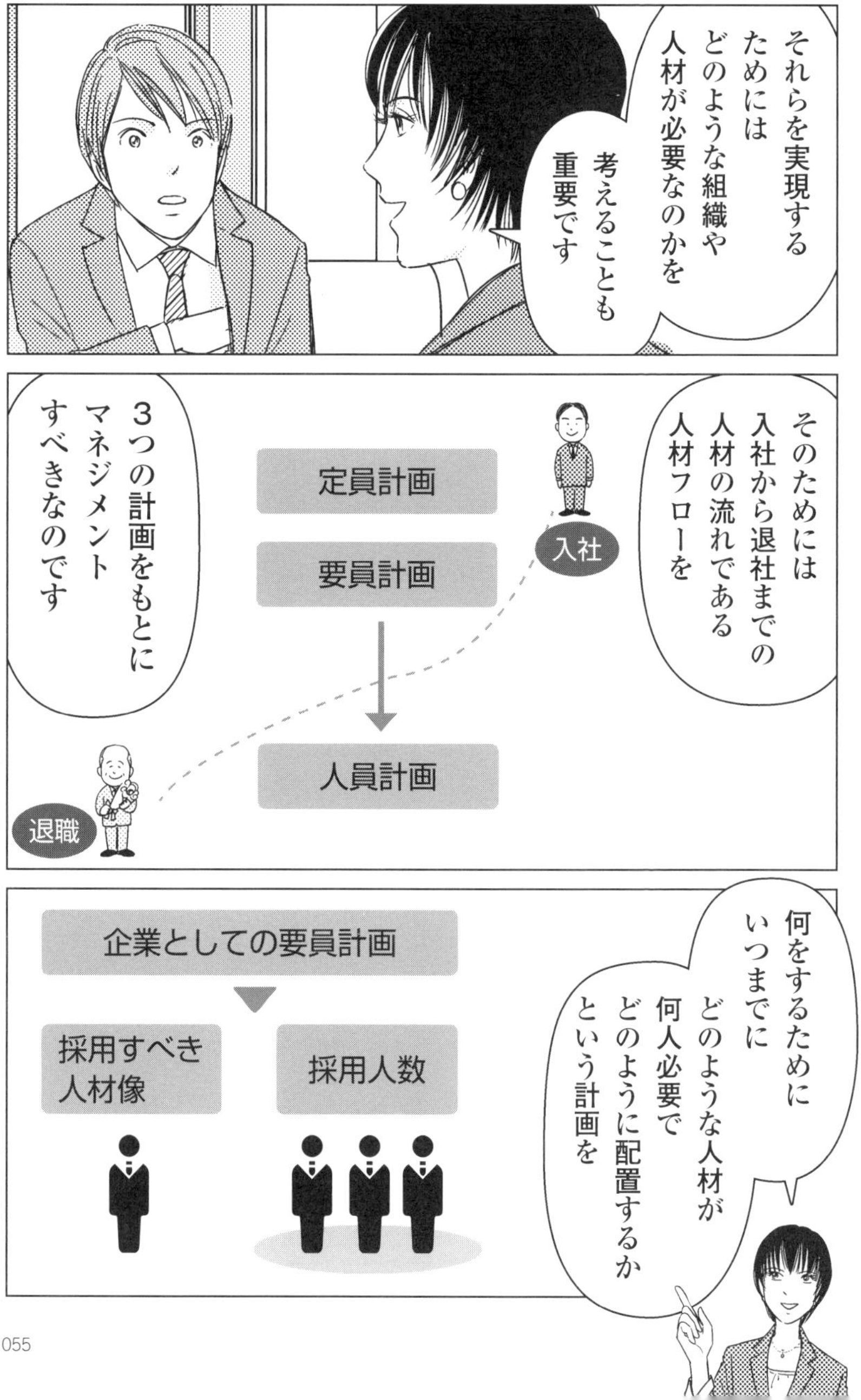
それらを実現するためにはどのような組織や人材が必要なのかを
考えることも重要です
そのためには入社から退社までの人材の流れである人材フローを
入社
定員計画
要員計画
人員計画
退職
3つの計画をもとにマネジメントすべきなのです
何をするためにいつまでにどのような人材が何人必要でどのように配置するかという計画を
企業としての要員計画
採用すべき人材像
採用人数

もちろん そのためには 会社の経営戦略や 計画
今年度 企画開発
上半期 経営戦略
人が足りなくて……
急な増産への対応がむずかしい……
営業
工場
現場の状態も 知らなければ いけません
IT化や業務改革をすれば 人員増をしなくて すむかもしれませんが 最終的に採用が必要と いうことになれば
営業では…… 工場が……
う～む……
よし 採用にふみきろう！
採用計画
求人
就職情報
すみやかに 採用計画 採用活動に 踏み切ります
なるほど…… 採用ありきでは ないってこと ですね
そうね
その採用活動 というのは 中途採用も 新卒採用も 一緒ですか？
中途採用
新卒採用
やり方の違いは
ステップとしては 大筋は同じよ

どちらも4つのステップで採用活動を考えるの
採用計画の立案
候補者を集める
候補者から選ぶ
候補者を動機付ける
ただ「採用計画の立案」をステップ1とするとステップ2の「候補者を集める」つまり「母集団形成」の方法が
新卒採用と中途採用では異なるわ
まめっこ
いっしょに働きませんか
どちらも自社の魅力を伝えて入社意欲を高めさせ志望度の高い候補者をより多く集めることが目的よ
ステップ2
候補者を集める（母集団形成）
新卒採用の場合はこれらの方法で候補者を集めるの
情報公開
イベント
その他

そのうち応募者に最も強くアピールできるのが
実際に会うことができる自社開催型イベントよ
自社開催型
合同イベント
集客イベント
これには自社開催のほか合同イベントや集客イベントを行っている会社のイベントがあるわ
自社開催型
講演会 主催 (株)
ガヤガヤ
あっ!! どうぞ!! 前の方へ!
ガラーン
会社の知名度が高くないと思ったように候補者が集まらなかったりする…
だから学生に興味を持ってもらえるテーマでのセミナーを開催して広く学生を集め
掲示板
キャリア セミナ
IT業会 よくわかる
お、これよさそう
キャリアセミナ 行ってみるかなー
会社説明会にも ぜひ!
IT業
そこから自社の説明会へ動員をはかることがよくあるわね

合同イベント
いろいろな企業が集まる合同イベントは学生にとって多くの企業との接点が持てることで人気があるけど
ガヤガヤ
企業側はどうしても受身になることとここでも知名度が低いと不利になる傾向があるの
ガラーン
集客イベント
ＩＴ業界を目指す学生のためのキャリアトークイベント
これは自社開催のセミナーと合同イベントの中間みたいなもの
お、参加してみよう!
企業と学生が同じくらいアピールできるから知名度が低くても直接話せる学生数が比較的多くて最近この手のサービスが増えてきているわ
どれも一長一短なんですね…
う～ん…

中途採用の場合は求めるレベルの人材のレベルやかけているコストに合わせていろいろ方法があるの
ハローワーク
求人媒体
人材紹介会社
ダイレクト・リクルーティング
中途採用では一般的に経験・スキルが重視されます
こういった方法が「即戦力」の人材を採用したい場合は効果的ね
経験
スキル
知り合いでわが社に転職したい人がいたら紹介してくれないか？
…と社員に依頼して紹介してもらう「社員紹介制度」を活用して
中途採用の候補者を集めるケースも増えているわね
社員紹介制度…
候補者が集まったら選考です
ステップ3
候補者から選ぶ
新卒と違って候補者が一気に集まらないから募集と選考は同時に行うことが多いわ

選考にはおもに5種類の方法があります
書類選考
筆記試験
実技試験
面接
グループディスカッション
書類選考
「書類選考」はおもに初期選考で行われるわ
履歴書
履歴書
履歴書
志望動機がたくさん書いてある方がいいよな…
判断基準が厳しすぎると優秀な人材を見落とす場合がある……
筆記試験
「筆記試験」は結果から比較して一気に候補者を絞れるため初期選考で行われるけれど……
模範解答
対策本
筆記試験対策
有名なテストなどはいわゆる「対策本」が多く出回っているため必ずしも本人の実力や特徴を把握できるわけではないわ

実技試験
実技試験を実施して
技術的・専門的スキルや
ポテンシャルがあるかを
確認したり…
面接
集団または
個人による
面接や
グループディスカッション
候補者にひとつの
テーマについて
議論させる
グループディス
カッションを
行ったりして
候補者本人を見て
選考すべきでしょうが

実技試験を行う場合は
現場の社員が試験官役を
務めなければ
ならないですし
試験官

グループディスカッションは
一度の選考で多くの候補者を
見られるというメリットは
ありますが
テーマによって
得意不得意があったり
組むグループメンバーによって
印象が変わる
場合があるので
短時間で評価する場合は
特に注意が必要です

なるほど…… となると やはり選考には 面接が一番有効 なんですか？
一番有効とは 言えないけど 双方の納得感の ために大事な ステップね
でも面接では 面接官の人選 が大事よ
面接官に適した 人材は 以下の3要件が 考えられます
ひとつめは…
社員としての 能力が高いこと
！
評価したい項目について 採用基準より 長けていた方が
しっかり候補者を 評価できるはずよ

それはちょっと
自信ないです…
まめっこに転職した
ばかりですし
専務が
適任だよなー
3要件すべて
備わっていなくても
かまわないわ
2つめは…
会社に今
どんな人材が
必要かを
理解して
客観的に
評価できること
まめっこ
会社の方針と
現場理解に
心を砕いた
そんな豊川さん
だからこそ
客観的で公平な採用が
できるはずよ
ぼくが…

そして3つめは候補者を惹きつけることができること
惹きつける……
面接官はその企業を体現する存在です
あなたの言葉あなたの熱意が会社の言葉・熱意となります
まめっこを好きになってくれたから……まめっこに入社したんですよね？
まめっ
ももちろん！

その想いをぶつけて採用活動に望めば必ず人材は集まります！
よ～し！
あなた自身が見込んだ人材を「ハンティング」してもいいわけです
◎熱い！
◎マジメ！
しっかりした採用計画を立てた上で
情熱を持って候補者を集め選考すれば

数日後
まめっこ
必要な人材を採用することができます
豊川さんの熱い言葉に引っ張られて
沢村浩樹です！
こちらに入ろうと思いましたっ！
よろしくお願いします！

ポジティブでマジメな営業向きな人材だと思います
ラッキーでしたこれほどの人がわが社に興味を持ってくれて
豊川さん……！
新卒採用の場合は内定を私が伝えたりもしますし
さらに勉強すべきことは多いですが
中途採用の業務をこなして経験を積みながら
しっかり準備して
まめっこにとって最高の新卒採用をしてみせます！

うむ
心強いなぁ…
彼こそ「最高の採用」だったかもしれんなぁ
「人事のプロフェッショナル」が力になってくれるんだ！
好きで入った会社の人事
僕が変えてみせる！
わかるシリーズ
人事

01 採用とは

48頁で進吾がまず任されたように、人事の仕事の中でも「採用」は誰もが入社時に通る道なので、仕事内容をイメージしやすいはずです。しかし、その目的を改めて考えることは少ないのではないでしょうか。

どの企業もなんらかの目標やビジョンを持って組織活動をしています。その目標やビジョンを実現し、企業を経営していくためには経営資源として「ヒト」「モノ」「カネ」「情報」の４つが必要だと言われています。そのうちの「ヒト」を外部から調達するのが採用です。つまり、**採用の目的は人材の確保を通じて企業目標やビジョンを達成すること**と言えます。

企業の成果は社員一人ひとりの成果によって成り立っています。つまりどのような人材がどの程度組織に属しているかによって、企業が生み出せる成果の大きさや方向性は変わるのです。そう考えると、採用が企業力を左右すると言っても過言ではないでしょう。

日本の企業が「新卒一括採用システム」を作り上げたのは、戦後、産業が急速に伸びていった１９５０年代だと言われています。当時企業が急成長し、仕事量が次第に増えていく中で、安価な労働力をどのように確保するかが経営上の問題でした。その中で大企業を中心として新卒学生を一括で採用し、習熟が必要な仕事を長い時間をかけて習得させ、その中で会社の価値観や知識、技術を継承するという仕組みが確立されてきたのです。

しかし１９８０年代に入り、新興企業はその事業を運営していくために育成に時間や手間をかけずに必要な能力や専門性を確保できる中途採用を中心として企業を成長させていきます。また90年代以降、現在にかけては日本経済が成熟期に入り、経済のグローバル化、ＩＴ化、スピード化が進む中で、経営の合理化を図るために、契約社員、パートタイマー、アルバイト、派遣社員といった、非正規社員の雇用を活用するなど、雇用形態や採用方法の多様化が進んでいます。

今後も採用の環境はめまぐるしく変化を続けるでしょう。現に、近年の景気回復傾向を受けて、新卒採用・中途採用はもちろん、非正規雇用の採用充足も非常に難しくなっています。

経営の合理性とビジネス展開に合わせた人材確保の両面から、外国人採用や雇用形態の組み合わせを検討していくことも必要で、企業の人材調達はますます難易度を増していくと言えます。

さて、採用活動のプロセスは、大きく4つに分けることができます。

まず、「**採用計画**（採用人数や求める人材の資質や能力の設定）」、次に「**集める**（ウェブでの求人告知やセミナー、説明会などのイベントの実施）」、そして「**選ぶ**（筆記試験や面接）」、最後に「**動機付ける**（面接中の質疑応答や社員との面談などでの入社への動機付け）」です。

売り手市場が続く昨今では、候補者の母集団形成に課題を感じている企業が多く、また、これまでのように母集団形成の方法も求人媒体（「○○ナビ」など）だけでなく、集客イベントで直接学生と会ったり、スカ

求人総数および民間企業就職希望者数・求人倍率の推移

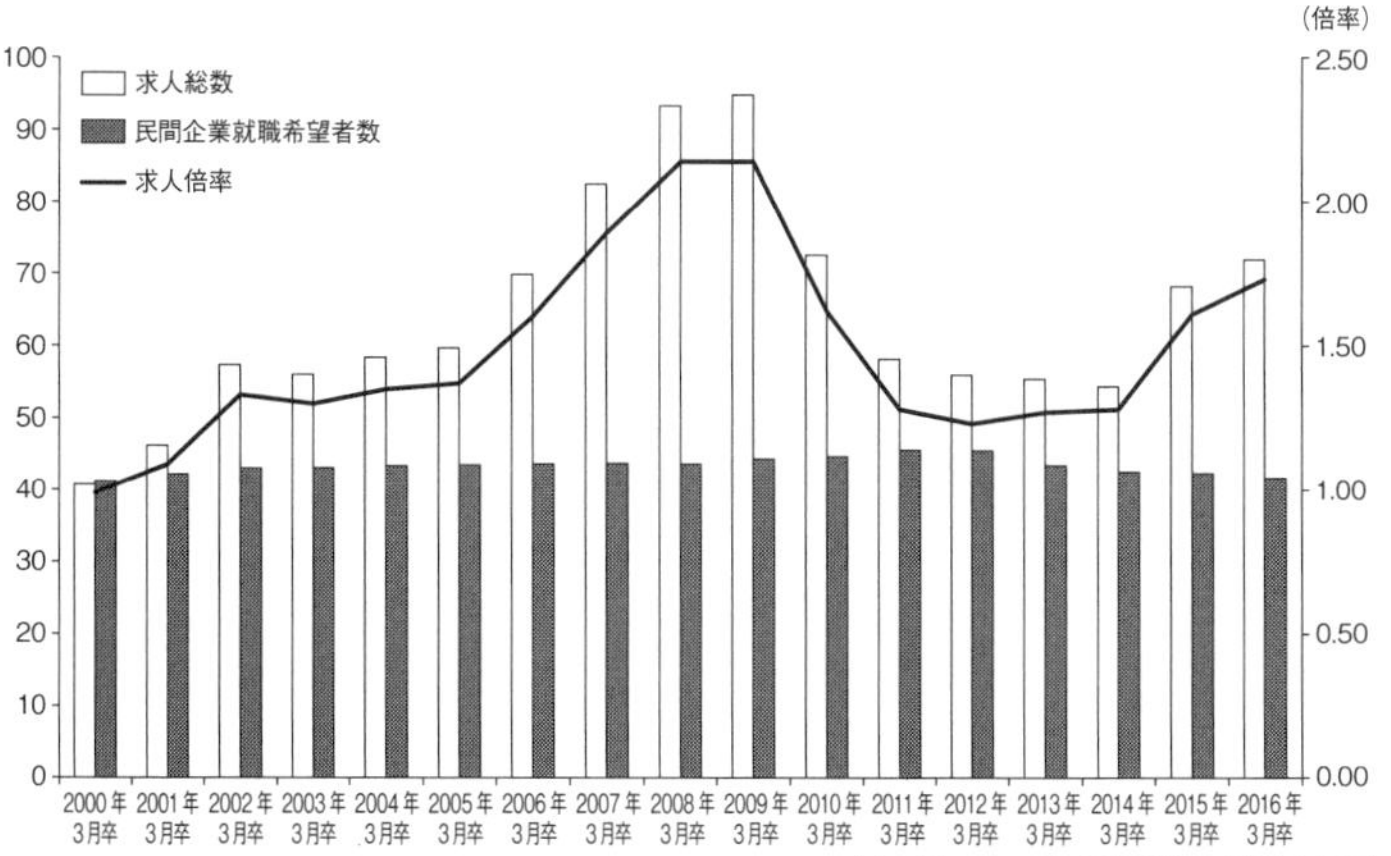

出典：リクルートワークス研究所「大学求人倍率調査」

ウティングをしたりするなど、会社としてのねらいを定め、工夫して候補者との接点を持つ採用をする企業が増えてきました。

これらを円滑に進めるには、5つのポイントがあります。

1. 情報収集力と戦略性…自社の魅力のアピールや候補者集団の集客には、情報を集め、それを活かす戦略性が非常に重要です。

2. フットワーク…採用活動は単なる事務ではありません。候補者が今、どのような企業を併願しているのか、他社の進捗度や、そこへの志望度はどうかということ

採用活動のプロセス

プロセス	具体例
1. 採用計画の立案	・企業目標やビジョンを踏まえ、会社として求める人材の資質や能力、および採用人数を設定・選考方法、評価基準の具体化 ・採用スケジュールの設定 →75頁、80頁参照
2. 候補者を集める	・就職活動サイトなどでの求人告知・逆求人サイト・SNS 等を活用したダイレクトリクルーティング・企業説明会やセミナー、学内説明会などの開催 ・人材紹介やイベントなど、パートナー企業への委託 →82頁参照
3. 候補者から選ぶ	・筆記試験、適性検査、グループディスカッション、面接、実技試験などによる選考の実施 →85頁参照
4. 候補者を動機付ける	・社員との交流 ・人事担当者からの動機付け（入社後の期待役割を共有、等） ・処遇、福利厚生などの説明

とを把握しながらタイムリーに採用活動を進めていくためのフットワークや臨機応変さが求められます。

3. リーダーシップ…現場で活躍する人材に採用の重要性を感じてもらい、説明会や面接などへの協力を仰ぐ等、現場を巻き込む姿勢が重要です。

4. 印象のよさ…会社の顔として認識される立場ゆえに、候補者の志望度を大きく左右しうる要素です。

5. 個人情報管理への意識の高さ…大量の個人情報を扱う業務であり、ひとつのミスが企業イメージを大きく傷付けます。緊張感を持った業務遂行を心がける必要があるでしょう。

現在の採用は、採用競合となる企業に対し、どのようにして自社の魅力をアピールし、良質な候補者母集団を集め、また応募者を動機付けしていくかということが重要になります。そのため、情報収集の力は非常に重要になってきます。

02 採用戦略とは

採用が大切なことは多くの企業や担当者が理解をしていますが、そこで「どのように採用するか」は意外とあまり考えられていないことが多いものです。特に新卒採用については「毎年採用しているから…」と定期的なイベントのように捉えられがちで同じパターンの採用業務を繰り返している企業もよくあります。実際は、景気の動向や社会情勢、業界大手の採用人数増減や選考時期、学生の企業の探し方など、新卒採用においても毎年さまざまな変化が生じています。これらの情報を把握した上で、前年度の採用を総括し、常に「どのように採用するか」を考えることは非常に重要です。

これは新卒採用に限ったことではなく、中途採用やアルバイト採用であっても、採用しようとする人材がどのくらい採用マーケットに存在し、どのような競合他社と獲り合いになり、どのように自社を理解してもらい動機付けすれば自社への入社を決定してくれるのかを常に考えながら、戦略を立てる必要があります。

採用計画とは「どのような人材を何人くらい、どのような方法でどのようなスケジュールで採用するか」という計画です。そのために必要な情報やどのような要素を盛り込んだ計画を立てるべきかは左の図をご覧ください。新任の人事担当者が採用戦略や採用計画の立案を任されることはあまりありませんが、立案に当たっての情報収集を任されるケースは多いはずです。また、左頁の図内の「★」で示しているように、新卒採用は毎年変わっているからこそ、若手社員の意見が参考になります。既存の方法をそのまま踏襲するのではなく、より学生に自社をアピールできる効果的な方法を常に模索することを心がけましょう。

会社の選択理由

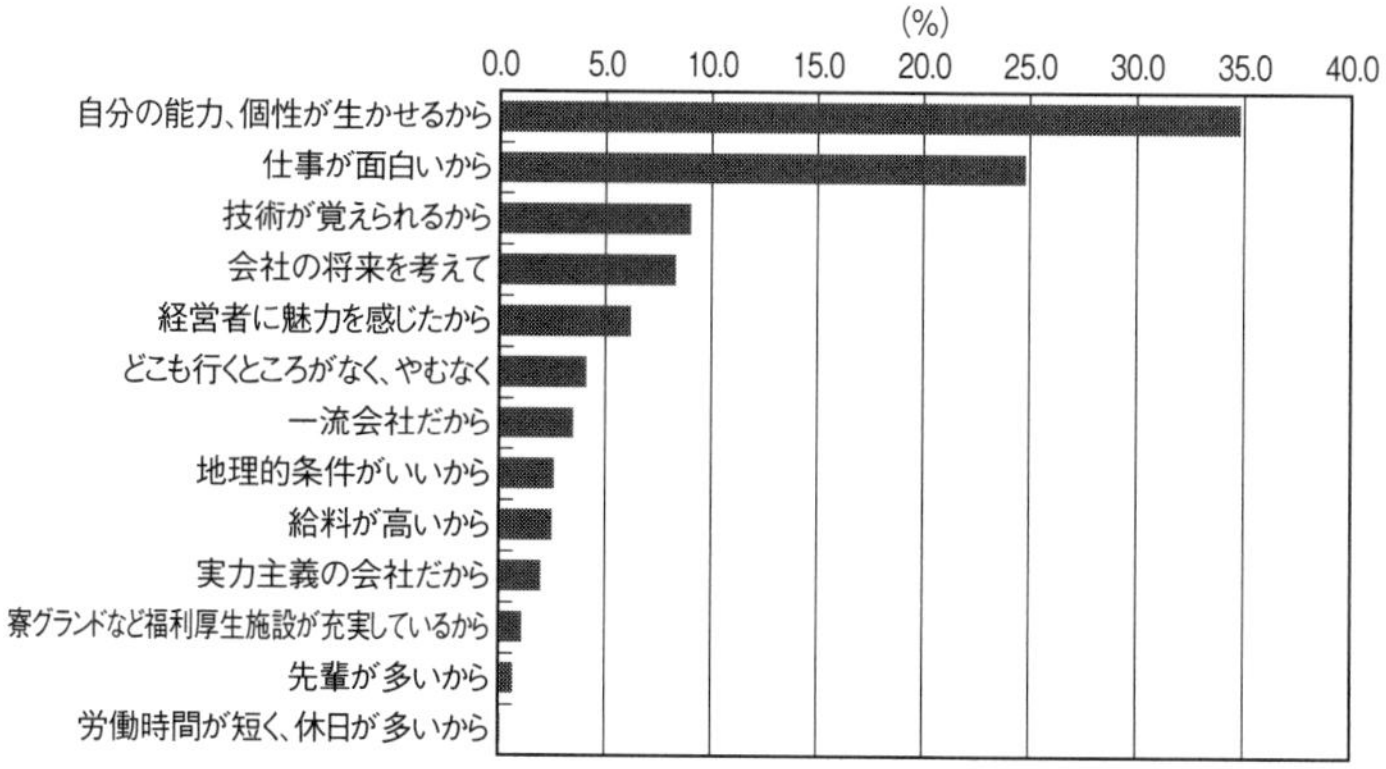

出典：日本生産性本部と日本経済青年協議会　「平成 27 年度新入社員『働くことの意識』調査」より

採用計画の立案ステップと新人にできること

採用計画のステップ	ステップごとの検討事項
企業としての要員計画 採用すべき人材像：どのような人材が必要か 採用人数：何人必要か	●入社必要時期は? ●採用予算は? ★採用マーケットは? →毎年新卒採用が終わると人材サービス会社各社が「総括セミナー」を開催したり、厚生労働省や各種団体が定期的に調査レポートを発表します。 ●必要な経験、能力、スキルは? ●雇用形態は?
採用活動全体の計画 ●採用手法：新卒/中途/派遣等 ●採用予算：どれくらいのコストをかけるか ●採用時期：いつ説明会・選考・内定を行うか など	●自社の採用ブランドは? ●募集媒体は? ●全体スケジュールは? ★候補者に向けて打ち出すメッセージは? →新人はより学生と近い立場にいることが多いので、どのようなメッセージを打ち出せば魅力的に映るのかを積極的に提案しましょう。
採用活動プロセスの検討 ●母集団形成施策 ●選考基準 ●選考プロセス ●動機付け施策 など	●ステップごとの合格率とその後の面接の枠数は? ★選考方法は? →会社説明会、エントリーシート、筆記試験、面接などは人事部で長年仕事をしている上司より新人の方がよりトレンドにマッチした選考方法を多く見ている場合があるので、情報提供をしましょう。

03 各雇用形態の特徴

働き方の多様化が進んだこと、また業績に対して人件費を変動化する目的から、正社員一律ではなく、自社に適した雇用形態の人材を組み合わせる企業が一般的です。

直接雇用である正社員、契約社員、パート・アルバイト社員は採用計画に基づいた計画を立てて、なんらかの求人媒体で告知をし、母集団を集めてから採用するという方法をとりますが、派遣社員については派遣会社に求人要件を伝え、その要件にかなう人材を派遣してもらうという流れになり、母集団を集めたり、選考のために多くの候補者と会うというようなマンパワーの削減を図ることができます。

また、インディペンデント・コントラクター（ＩＣ）は、そのような人材が登録しているウェブサイトでの求人や知人からの紹介などで契約に至ることが多いです。

派遣社員やＩＣは、同じような仕事をする人材を自社で雇用するよりも高コストと捉えられることもありますが、採用費、法定福利費も含めた人件費なども併せて比較すると、必ずしも高いとは言えません。必要になる期間や採用活動のコストも含め、トータルメリットがどちらが高いかを考えることが大切です。

雇用形態の種類とコストのイメージ

契約		雇用形態	特徴
雇用契約	無期	正社員	雇用期間の定めがない。最近は、フルタイムでなく所定労働時間、もしくは日数が少ないパートタイム正社員という形態をとる企業も出てきている。
	有期	契約社員	雇用期間の定めがある。
		パートタイマー アルバイト	雇用期間の定めがあり、日数や勤務時間が限定される。
請負契約		インディペンデントコントラクター（IC：個人事業主）	専門性の高い業務を限られた期限で実施する際、業務を委託。
派遣契約		派遣社員	有期だが直接の雇用関係は結ばず、派遣会社と労働者派遣契約を結ぶ。

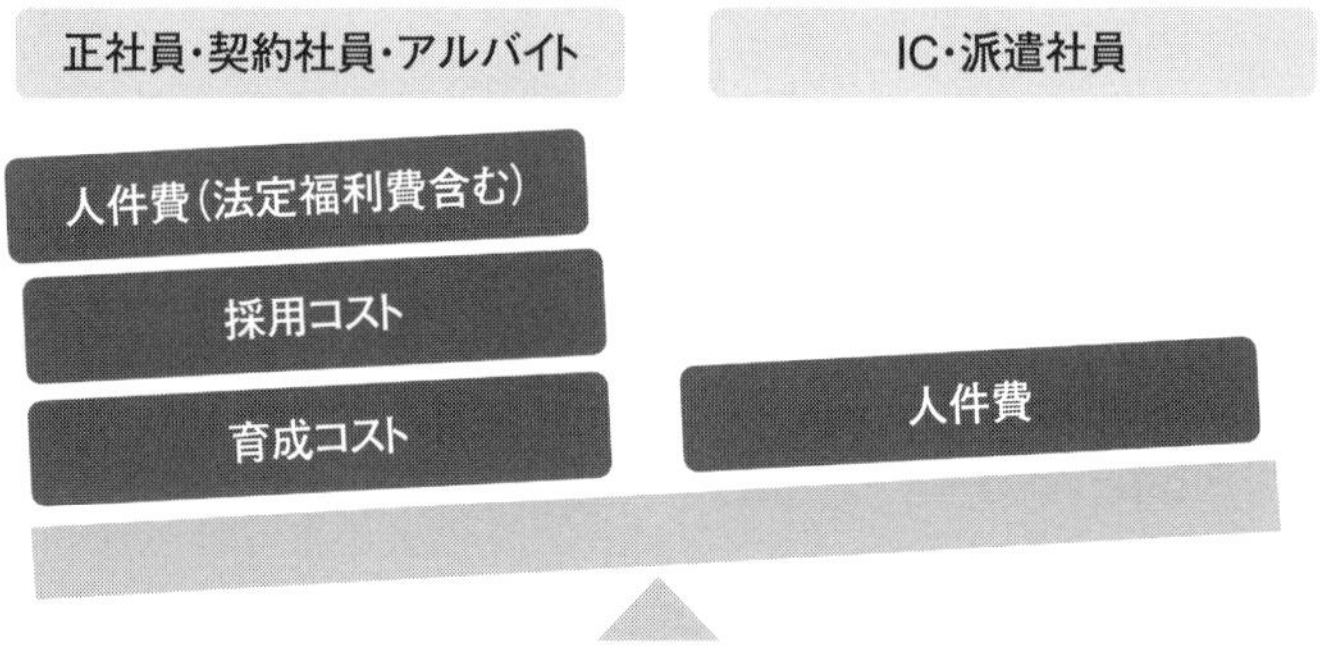
正社員・契約社員・アルバイト
IC・派遣社員
人件費（法定福利費含む）
採用コスト
育成コスト
人件費

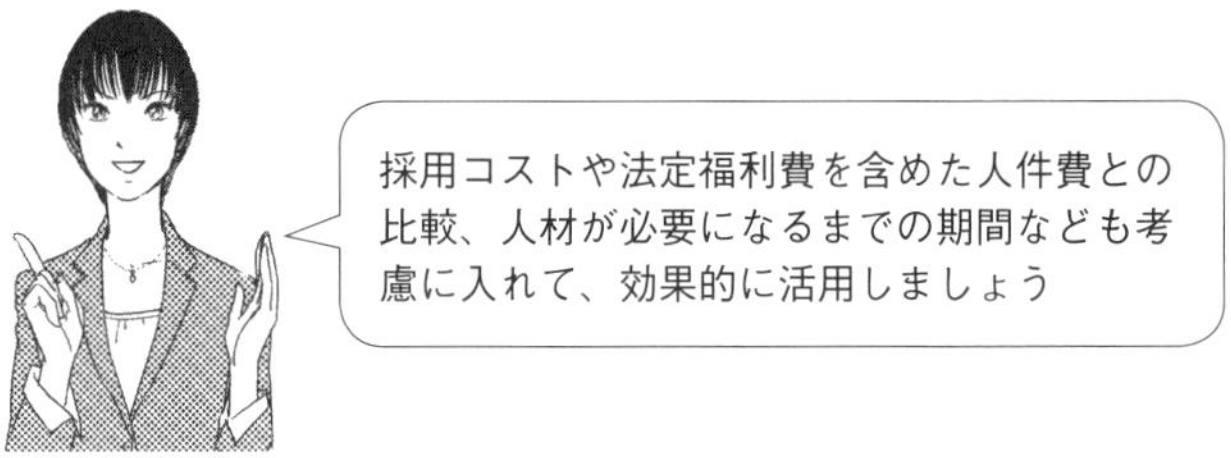
採用コストや法定福利費を含めた人件費との比較、人材が必要になるまでの期間なども考慮に入れて、効果的に活用しましょう

04 新卒採用のスケジュール

新卒採用は学校卒業後の4月から企業で働けるよう、在学中に選考を行う方法です。この採用方法は入社後の育成を前提としており、企業が自社の色に染めやすい、今後の成長が期待できるポテンシャルの高い人材が採用しやすいというメリットがあります。

新卒採用は基本的に4月の入社に合わせて行われるため、一般的なスケジュールが決まっています。

大学3年生の3月1日にウェブ上でその年の就職サイトがオープンし、公式な採用活動がスタートします。また、3月1日以前にも企業が学生との接点を持つために、インターンシップを行うケースも増加しています。

各企業がより質の高い人材を獲得するため、年々就職活動の期間は早期化、長期化していましたが、学業がおろそかになることを問題視した日本経済団体連合会（経団連）より選考活動の早期開始は自粛することを記した「採用選考に関する指針」が発表されています。これは大企業を中心に遵守されていますが、法的拘束力があるわけでなく、あくまで紳士協定であるため、中小企業を中心とした採用長期化の傾向を抑制するには至っていません。特に、就職サイトオープンを大学4年生の3月に、選考開始を8月に後ろ倒しする旨を定めた２０１６年入社新卒採用は大企業ですらスケジュールを守らず、「面談」と称した選考を通じ、8月1日に内定を出すといったことも頻発しました。自社にふさわしい人材の採用を行うためには、まず当該年の「採用選考に関する指針」の内容・変更点を確認した上で、自社の採用方針および指針に対する対応方法を検討することが必要となります。その際には、競合他社やターゲットとなる候補者の母集団の動きを考慮することが重要です。

05 新卒採用①母集団形成

母集団形成とは、自社の選考を受ける候補者を集めることであり、採用計画に続く採用の第2ステップです。

ここでは候補者に対して、事業内容、社風、仕事内容や入社後のキャリアなど自社の魅力を伝えることで自社への入社意欲を高め、候補者集団をより多く選考フローに乗せることを目的としています。

母集団形成には次のような方法があります。

自社の求める人材を効率的に採用するには良質な母集団形成を行う必要があります。そのために採用計画で設定した「求める人物像」をもとに「求める人物ならどのようなことに興味を

母集団形成の種類

情報公開	新卒就職サイト掲載
	自社採用ホームページ開設
	SNS 掲載
イベント	合同企業説明会への参加
	インターンシップの開催
	セミナーの開催
	会社説明会の開催
その他	大学への求人配付
	大学内セミナー

持つか」「求める人物ならどのような場所に集まるか」を検討した上で、それに即した方法や打ち出し方を考えていきます。

1. 情報を公開して集める場合

最もポピュラーなのは、リクナビ・マイナビなどの新卒就職サイトに掲載することです。あらかじめ決まったフォーマット内に情報を入力すると情報が公開され、学生からのエントリーや説明会の申込みを受け付けることができます。

また、多くの企業では自社ホームページを開設し、より具体的な情報を発信しています。具体的には、社員インタビューや踏み込んだ仕事内容を紹介することが多いようです。採用ツールには、情報の拡散を目的としているもの、興味を持ってくれた候補者にさらに情報提供するものなどがあります。具体的には、前者は新卒就職サイト、ホームページ、後者は説明会で配布するパンフレットや近年利用が増えているSNSがあり、それぞれの特性を理解し、使い分けることが重要です。

2. イベントを実施して集める場合

イベントは自社開催型、合同イベント、集客イベントの3つに分けられます。

①自社開催型…母集団形成の中でも最も応募者に強くアピールできるのが、自社で行

うセミナーや説明会です。多数の参加者に対して会社概要や業界動向を解説する講演会形式が多いのですが、この形式ではどうしても一方的な説明になりがちで、ワークを設定したり、少人数の座談会形式で実施されることもあります。

②合同イベント…複数の企業と合同で行う場合は、おもにリクルートやマイナビ等新卒求人媒体を提供している企業が実施しています。多くの学生が参加するため、認知を広げる機会としては有効ですが、ネームバリューのある企業に集中しがちです。

③集客イベント…昨今、理系学生や営業志望学生等、あるターゲットに絞ったマッチングイベントが増えています。複数社が合同でイベントを開いたり、学生とつながりのある採用支援企業に集客を依頼したりする場合もあるようです。

イベントの実施の目的はあくまでも自社の選考への誘導です。したがって、ただ実施するだけではなく、同時に筆記試験を行ったり、終了後に選考案内メールを送るなどして選考に誘導するための工夫をするとよいでしょう。

3. その他の方法

大学の就職課や研究室に連絡をとり、直接開催を依頼して、求人を配付したりイベントの開催を依頼したりする方法があります。現在は多くの大学で説明会実施を受け入れています。大学ごとに申込み方法は異なるため、まずは就職課へ連絡してみましょう。

06

新卒採用②選考方法

母集団形成に続く採用の第3ステップが選考です。採用計画で策定した人材をどのようにして見抜いていくかを具現化するステップになります。選考には大きく分けて**書類選考**、**筆記試験**、**実技試験**、**グループディスカッション**、**面接**の5種類があります。

それぞれ方法によって評価できる項目や効率性が異なるため、選考を組み立てる際にはおもに次の7点を考慮しながら進めていきます。

①求める人材の能力や経験、志向の整理
②上記を評価するための必要条件と十分条件の区別
③必要条件からの選考方法と選考基準の設定
④各選考段階の合格率の予測
⑤応募数から面接枠数の算出
⑥面接枠数に対するマンパワーの現実性検討（例えば、面接枠がそれほど割けない場合は、その前の選考基準を厳しくするなどの調整）

選考方法の種類と特徴

選考の種類	特徴
書類選考	おもにエントリーシートや履歴書の内容から選考する。選考初期に実施するのが一般的。判断基準があいまいだと合格層を見落としてしまう場合がある。
筆記試験	学力検査、性格検査、一般常識検査などがある。面接と比較して、マンパワーをかけずに評価ができるため、選考初期に実施される。また性格検査は職業適性や職場環境適性が見られるため、面接の参考資料にも用いられる。種類によっては対策本も多く出回っており、精度の問題も含めて効果測定をするなど検討が必要。
実技試験	実際に、技術的、専門的なスキルやポテンシャルがあるかを確認するための試験。判断できる試験官が限られるため、現場の協力が必要。
グループディスカッション	候補者をグループに分け、ひとつのテーマに対して議論させる。1回の選考で多くの候補者を見られるのがメリット。テーマ選択が難しく、評価基準は個人面接に比べてやや限定されるので、一人ひとりの能力を細かく評価しにくいのが難点。
面接（集団・個人）	候補者1～5名程度集め、面接官が質問をする形式。企業と候補者ともに納得するためにも必ず1回以上はこの形式が含まれる。ただし、1回の面接で評価できる人数が限られていることなどからマンパワーが必要な選考方法である。候補者の口のうまさや自信のある態度などに惑わされることがあり、面接官としてのスキルや経験が必要。

⑦全体的な選考としての現実性（効率性）と有効性の見直し

いくら選考基準を精緻に決めたとしても、それを評価する面接官の力量が併わなければ意味がありません。また、応募者側から見た時に、面接官はその企業を体現する人材でもあります。したがって、ただ単に「役職が高い」というだけで決めるのではなく、面接官として適した人材を選出することが必要です。具体的には、

①評価したい項目が採用基準より長けている人材
②好き嫌いではなく、会社の方向性を理解し、どのような人材が必要かを理解して客観的な評価ができる人材
③候補者を惹きつけることができる人材

を選定するとよいでしょう。

選考における実務担当者の仕事は多岐にわたりますが、その中でかなりのボリュームを占めるのが応募者の管理です。秘匿性の高い個人情報をデータベースで管理することはもちろん、選考の会場準備、面接官・応募者双方に連絡する業務がこれに含まれます。選考

が滞ったり、合否などの連絡ミスが起こったりしないよう、選考の日程や状況について正確に管理することが求められます。

特に、**合否連絡は結果の如何に関わらず、選考が終了し評価が出されたら確実に行う必要があります。**一般的に、不合格連絡や選考初期の合格連絡はメールやウェブ上のマイページに、一方、中盤以降の合格連絡はスピード感を重視して電話で行うことが多いようです。

すべての選考に合格した学生には、内定を出します。これは厳密には「始期付解約権留保付労働契約」の成立を意味します。新卒採用で言えば、内定を出し、承諾されたということが「来年の4月1日から働き始める」かつ「大学が卒業できなかった等の一定の理由がある場合は解約できる」という契約開始時期が決まった労働契約を結んだということになるのです。ちなみに倫理憲章では「内定を出してよいのは大学4年の10月1日から」という取り決めがあります。よく大学4年生の5月から6月にかけて「内定がとれた」という言葉を耳にしますが、これは実際には「内々定」との表現が適切です。

内定（実際には内々定）が決定したら、電話での合格通知の後、後日直接伝えることが一般的です。また、直接伝えることが難しい場合は後日内定通知を郵送する等の対応が有効です。また、10月1日には内定者を集めた内定式を行う企業がほとんどです。その企画や事前準備・手配などの業務が生じることも念頭に置いておくとよいでしょう。

内定提示後は、内定者のフォローを行い、入社への動機付けや入社に向けた下地作りをします。内定フォローは必須ではありませんが、**人材の奪い合いが激しい昨今、内定を辞退されることも少なくありません。**ですから、同期同士や社員とのつながりを作るなど、入社への動機付けは継続的に行った方がよいでしょう。

なお、残念ながら内定を辞退された場合、法律に基づき適切に対応する必要があります。まず、内定辞退による罰則をあらかじめ定めることは「労働基準法」第16条より禁止されています。また、民法第627条に基づき、内定辞退の意志表示をした日から2週間たてば法律的に辞退が成立することになります。

一方、**企業側の内定取り消しには、通常の解雇と同様のプロセスで対応しなければなりません。**単位不足で卒業できない時、健康を著しく害した時、反社会的な行為を行った時などを除き合理的理由がない場合には、法律的に無効であると同時に損害賠償の対象となる可能性もあります。

07 中途採用

一般的に「可能性重視」の新卒採用に比べ、中途採用は「経験・スキル重視」の採用です。いずれも採用のステップ自体は大きく変わることはありませんが母集団の形成手法に違いがあります。求人媒体、自社採用ホームページ、合同企業説明会など共通する方法もありますが、その他に中途採用を中心とした方法があります。

1. ハローワーク……厚生労働省が運営する、就職支援・雇用促進の機関です。公共の機関のため手続きに多少手間はかかりますが、コストをかけずに人材を集められます。

2. 人材紹介会社……求める能力やスキルも高い、管理職クラスの人材を採用したい場合は人材紹介会社に依頼することが一般的です。獲得したい人材の要望を伝えると、その要件に近い人材を候補者として紹介してくれます。コストは紹介で入社が決定した時に発生する成功報酬型がほとんどです。

3. ヘッドハンティング……さらにハイスペックな専門職や経営幹部レベルの人材を採用する場合は、ヘッドハンターやエグゼクティブサーチ会社を利用します。登録型の人材紹介会社には集まらない高い人材を獲得する際に使われる方法です。こちらは成功報酬型もありますが、リテイナーフィーと言って依頼料を先に支払ってからハンティング活動がスタートするケースもあります。各方法の特徴や実務の手順は下記の通りです。

その他、紹介会社を介さず、人事自ら選考にスカウトする「ダイレクトリクルーティング」や、社員の紹介から選考に誘導する「リファーラルリクルーティング」といった手法を用いられることが増えてきました。既存のやり方にとらわれず、最善の方法を模索し続けることが重要です。

中途採用の特徴と母集団形成の方法

●新卒採用との違い

	新卒採用	中途採用
評価観点	可能性	経験やスキル
能力	開発・育成が前提	発揮を求める
採用期間	定期	不定期・通年
採用方法	全社一括が多い	部門別・職種別が多い

●中途採用時の母集団形成の方法

	ハローワーク	人材紹介会社	ヘッドハンティング
人材レベル	さほど特殊な能力やスキルが求められない一般層	求める能力やスキルの高い管理職層	経営幹部層等のエグゼクティブ層
コスト	無料	成果報酬型	基本は成果報酬型。ただし会社によっては依頼料を支払う所もある
採用のプロセス	①求人申込書を入手、記入 ②申込書提出 ③掲載開始 ④選考	①求人票の提出 ②紹介開始 ③選考	①求める人材像の申告 ②紹介開始 ③選考

08 その他の採用

いわゆる正社員以外の採用は期間限定の業務に対して活用されることもあれば、正社員の欠員補充として行われることもあります。ここではそれぞれの採用方法について見ていきます。

1. 契約社員

有期の雇用形態であるため、期間を限定して必要なポジションに選ばれる雇用形態です。求める専門性によっては採用難易度が高いのと、多くの人が正社員を希望するので売り手市場で応募者が少なくなりがちです。有期であることから、正社員よりも面接回数を少なくするのが一般的です。

2. パートタイマー／アルバイト

パートタイマーやアルバイトを店舗運営や事業所運営の主戦力にしている企業も多く、売り手市場になると採用難になり時給水準が上昇します。パートタイマーやアルバイトの採用権限が各事業所にゆだねられている場合がありますが、その場合、人事は採用人数や求人広告の内容、人件費などのコストを管理することがおもな業務となります。また、事業所において採用方法や労務管理が適切になされているかに意識を注ぐ必要があります。

3. 派遣社員

派遣社員は自社と直接雇用関係を結ぶことはありません。派遣会社に人材の派遣を依頼することになります。

そのほか、グローバル化の進展や国内の採用コスト増加の影響で、外国人採用を行う企業が増えています。外国人採用には、「日本国内の勤務を前提に、国内外から大学の在籍者を採用する」パターンや「国外で働く人材を現地で採用する」パターンがあります。

さらに、1988年に定められた障がい者雇用の促進等に関する法律（障がい者雇用促進法）の取り決めにより、法定雇用率以上の障がい者を雇用することが義務付けられています。採用方法は通常の正社員採用とほとんど同じですが、障がい者雇用は受け入れ側にノウハウがない場合が多く、また障がい者側でも雇用就労経験が乏しく、就労に不安を持つ人が多いのが実態です。そのため、雇用を促進するためにNPO等さまざまな機関が支援しています。

Column

選考時のルール

採用活動では、担当者が守らなければならない法律やルールがあります。

まず、男女平等です。募集の際に性別によって求人内容に差をつけることは禁止されています。これは「改正男女雇用機会均等法」（1999年4月施行）で労働者を性別により差別してはならないと定められているためです。

次に、年齢制限の禁止です。2007年10月1日より、「雇用対策法」が改正され、これまでは努力義務とされていた労働者の募集および採用において年齢の制限を設けることが禁止となりました。これまでは、年齢による制限を設けていた募集に際しても年齢不問とし、職務を遂行するために必要とされる労働者の適性、能力、経験、技能の程度など「応募者に求められている事項」をできる限り明示されることが求められます。

さらに、求人を出す際にある一定の労働条件を明示することを定める「職業安定法（第5条の3)」をはじめとした法律はもちろん、面接の質問事項や個人情報の取り扱いに関しては最新の注意を払う必要があります。詳しくは、厚生労働省ホームページ「公正な採用選考について」を参照ください。

その他、出身地、家族状況など“本人に責任のない事項”や愛読書、尊敬する人など“本来自由であるべきもの”にかかわる事項について質問することは、面接のルールとして避けるべきです。緊張感を少しでも和らげたいということから、つい、話しやすい身近な話題から質問をしてしまいがちなのですが、応募者の適性・能力に関係のない事柄で、避けなければならない質問とされています。

Part 3

評価と配置

Story3　適材適所を見きわめるために

評価も
配置も
経営判断を支える役割の人事の影響力は大きいのよ
う〜 責任重大！
評価票
配置計画

でも社員の解雇は最後の最後の手段
どうにかして避けなければならないと僕は思っています

Story 3
適材適所を
見きわめるために
やりました!
品川で!?
おー、すごいじゃないか!
品川の駅ナカで販売できることになりました!
まめっこ
営業部新人
沢村浩樹《さわむらひろき》
じゃーたまたまですよ
今度行ってみます
やったな
オレも今のとこ押して押して押しまくるぞ!
沢村君大活躍だね
はい自分もうれしいです!
若くて元気な社員が増えると会社に活気も出る
いい人材が採れたな
あそこの部長さん
趣味が…
へえ~じゃあ今度…
はい
ほんとに人事で会社を変えられるんですね

でも人材《ひと》ってのはほめるだけじゃダメなのさ
えっ!?
しっかり「評価」をしてあげないと
きぬえさん…
「評価」……?
そうすりゃ従業員もさらにいい成果が出せるんだから
まあ…
そりゃそうですけど
シンゴは人事を担当したばかりだし
それに彼自身新入社員みたいなものだから一気にいろいろやらせるのも…

けど評価や配置も人事の大切な仕事だよ？まだまめっこにはちゃんとした人事評価の制度がないんだし
ガチャ ガチャ
そこらもちゃんと考えておくれよ
よっこらしょ…
きぬえさんてたまに説教っぽいこと言うんだよなぁ…
オレが入社する前からいた古株だから
会社にいろいろ言いたくなるんだろうなぁ……
人事評価の制度か……
翌日

もちろん
評価も
配置も
人事にとっては
大事です
人事評価とは
会社が従業員に
求める期待に対する
現在の到達状況を
できました
お、早いな
評価シート
一定の基準に沿って
把握するものです
人事評価の情報は
この3つに活用されます。
人事評価
処遇
配置
人材育成
ここに配置も
含まれるんですね
そうです
一番わかりやすいのは
処遇への活用でしょう

評価に応じて給与や賞与を上げたり
賞与
給与
○○株式会社
営業本部　部長
○田○夫
○○株式会社
営業一課　課長
○田○夫
昇進や昇格をさせるわけだから
えーっと昇進と昇格ってどう違うんでしたっけ？
スイマセン今さらの質問で…
課長が部長になるように役職が上がるのが昇進
昇進
課長
部長
昇格
よいしょ！
1級
2級
資格
一般職2級から1級に上がるなど企業ごとに定められた等級制度上の資格の上昇が昇格よ
じゃあ上がるだけじゃなくて評価で給与や賞与が下がったり降職や降格になる場合もあるってことですよね
責任重大だなあ…
でも　いったい何を評価すればいいんですか？

評価の対象は
3つに分けられるわ
スキル
プロセス
成果の
3つね
スキル
プロセス
成果
企画書
契約書
これらを
どう組み合わせて
評価するかは
企業の事業特性や
方針によって
異なるわね
スプ
成
組み合わせ…
ただ…
評価は社員の士気に
関わるわよね
は　はい
ドキッ
低い評価を受けた
社員も含め
皆の納得感を
高めるために
人事は
この3点に注意する
必要があるの
①評価の仕組みが公開されていること
②誰が評価したのか明確になっていること
③定期的に仕事の進め方や成果のフィードバックがあること

また ろってですか
でも評価って その社員の上司が やるものですよね？
評価
上司
人事の人間は 評価に対して どんな役割を 果たせば……
その役割も 3点あるわ
まずは…
①評価の重要性や方法を理解してもらう
説明会を開いたり 評価マニュアルを 作成したりして 評価方法を理解 してもらったり
評価方法
評価票の配布や スケジュールの告知 リマインドを行って
評価スケジュールの 管理をします
評価票
評価票
評価票
評価スケジュール
こうして評価期間 が終わったら
うわ… たいへんだ…

②評価プロセスを管理する
フィードバック
よしOK!
上司から部下に評価のフィードバックが適切に行われているかも確認するの
③評価の甘辛調整
評価エラー
ハロー効果
中心化傾向
寛大化傾向
期末効果
減点化傾向
そして最後に評価のエラーが起きていないか評価の確認が必要よ
一次評価二次評価と複数の評価を行ったり
一次評価
二次評価
ある部門だけ甘かったり辛かったりと偏っていないか
評価会議
評価会議を開催して全社的に納得感の高い結果に調整するの

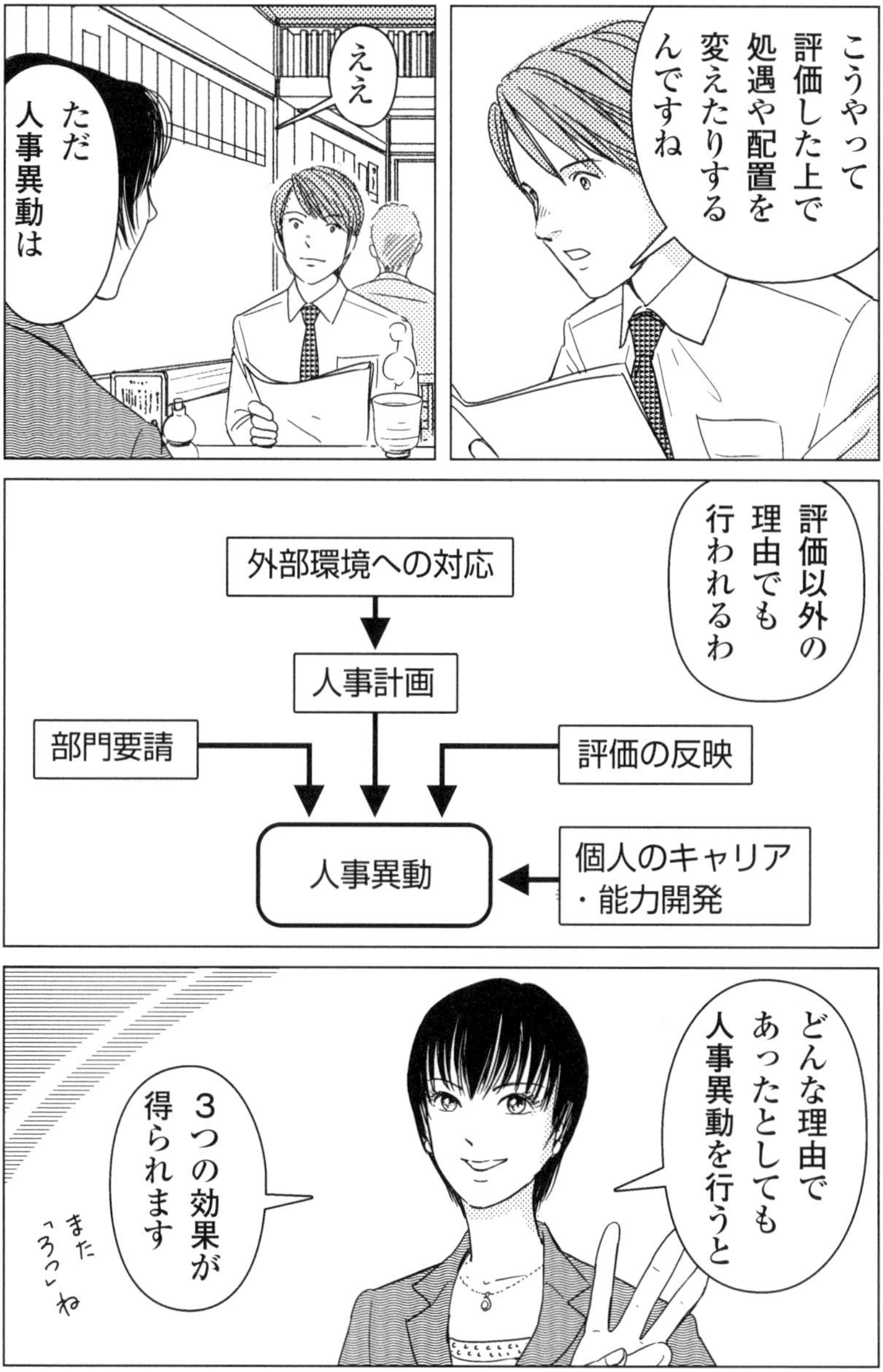
こうやって評価した上で処遇や配置を変えたりするんですね
ええ
ただ人事異動は
評価以外の理由でも行われるわ
外部環境への対応
人事計画
部門要請
評価の反映
人事異動
個人のキャリア・能力開発
どんな理由であったとしても人事異動を行うと
3つの効果が得られます
また「3つ」ね

どの部門にどの人材を
何名配置するかを
定期的に見直すことで
バランスの取れた
配置を実現できるわ
①最適なバランスでの配置
まめっこ
こうして組織の中で
人材が動くことで
情報も一緒に
動くことになる…
②組織活性化
まめっこ
情報
情報
情報
伝わりにくい情報も
異動先で共有されて
組織が活性化
されるの
新しい業務に
携わることで
今までと違う経験を
積むことができるし
工場の経験
営業の経験
新しい
アイデア
あ、
そうだ！

そこから新しい発想が生まれることもあります
あの…出荷のときですが〜というようにしたらどうでしょうか
なるほど、そりゃいいかもな!
なかなか目のつけどころがいいじゃないか
いいアイデアだよ
いや〜
営業よりこうちが向いてるんじゃないのって
思いがけず自分の強みを発見することも少なくないでしょう
そうか人事異動には能力開発という効果もあるんですね
③従業員の能力開発
もちろん「人を動かす」ことでいろいろなリスクも発生するわ
開発に!?
本人
営業
うまく引き継ぎをしなければ……
開発
開発の仕事を教えないと…
沢村に
異動する本人だけでなく関わる部署にも影響が出るわね

異動によって関係者の負荷が増したりモチベーションダウンや
仕事を覚えたばかりだったのになあ…
う〜ん 沢村はどうやってたんだろう…
組織にノウハウが定着しないなどの問題を招くことも
それでも人事の人間は組織を「あるべき姿」に向かわせるために
前にも説明した人員計画に基づいた中・長期的な視点で
①定員計画
②要員計画
③人員計画
人事異動を行わなければならないの
中・長期的な視点で……

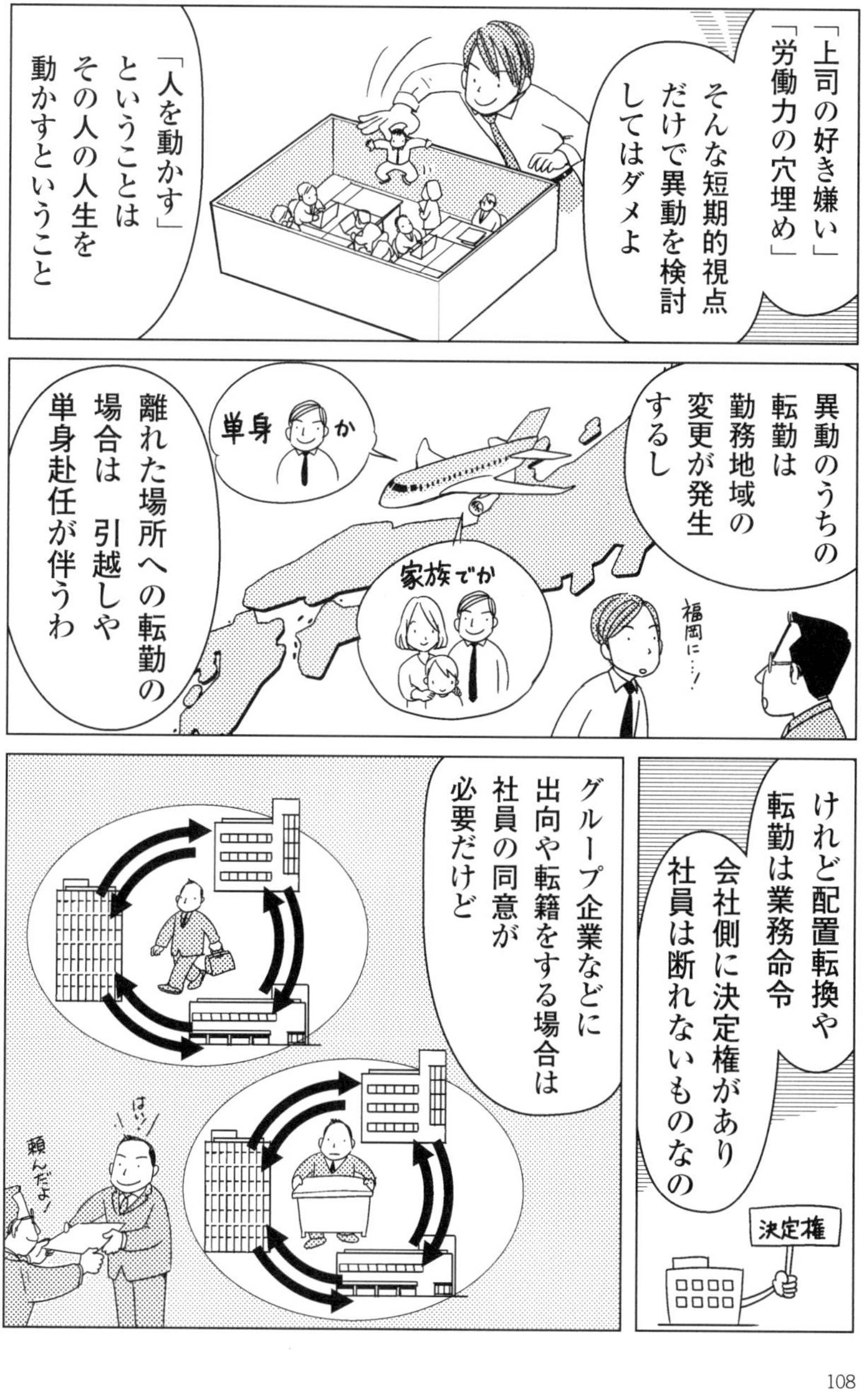
「上司の好き嫌い」「労働力の穴埋め」
そんな短期的視点だけで異動を検討してはダメよ
「人を動かす」ということはその人の人生を動かすということ
異動のうちの転勤は勤務地域の変更が発生するし
単身か
家族でか
福岡に……！
離れた場所への転勤の場合は　引越しや単身赴任が伴うわ
けれど配置転換や転勤は業務命令
会社側に決定権があり社員は断れないものなの
決定権
グループ企業などに出向や転籍をする場合は社員の同意が必要だけど
はい！
頼んだよ！

それでも同意した社員にとっては人生に関わる転機になるはずよ
まめっこ
このように重要な意味を持つ人事異動の実務は
慎重に進めなければならないわ
う～ん…

5つのステップか…
異動計画の立案
内示
発令
異動時の手配
赴任
○○支社
自己申告制度や社内公募制度などを導入すれば
新商品開発プロジェクトメンバー募集
おねがいします
社員の希望を取り入れながら異動などが行えるわね
評価も
評価票
配置も
配置計画
経営判断を支える役割の人事の影響力は大きいのよ
う〜責任重大!

評価と配置の勉強かい？
なかなか熱心だね
きぬえさん!!
評価や配置によっては会社から去る人間も出てくる
退職は社員の意思や就業規則などで定められたルールに沿って行われるけど
任意退職
合意退職
自然退職
解雇は会社側の都合で一方的に労働契約を終わらせてしまうものだよ
①普通解雇　従業員が定められた労働契約を履行できない場合の解雇
②整理解雇　経営上の都合による解雇
③懲戒解雇　従業員が重大な労働契約上の違反を犯した際の解雇

そのへんはちゃんとわかってるんだろうね？
それは…
解雇はその30日前までに文書か口頭で予告をしなければなりませんし
労働契約法第16条
解雇は、客観的に合理的理由を欠き、社会通念上相当であると認められない場合は、その権利を濫用したものとして無効とする
解雇権の濫用の無効は労働契約法の第16条で定められている
ほう…
また整理解雇は4つの要件を満たしていなければ実行することができません
①人員削減の必要性があるか
②解雇回避努力がなされているか
人手の足りない部署は…新規立ち上げのスタッフに回せるかも…

③被解雇者の人選に合理性はあるか
彼は必要です！
④従業員に対する説明・手続きに合理性はあるか
できるだけ支援をしていきたいと考えます。
でも社員の解雇は最後の最後の手段
どうにかして避けなければならないと僕は思っています
雇用調整を行う時は経営陣と慎重に話をした上で
しっかりしたステップを踏むべきです
時間外労働の削減
まずは残業や休日労働の削減ワークシェアリングなどで
従業員を減らさずに人件費を抑制
残業
内部調整
人が多すぎる部署から不足している部署への異動
まめっこ

採用を抑えることによる社員の入口・出口調整
入口・出口施策
退職
採用
雇用関係を保ったまま就業を停止する一時帰休
一時帰休
休
休
助成金
まめっこ
社員《なかま》を守るためのいろんな方法があるわけだから
入ってくる新卒の代わりに誰かに辞めてもらうなんてことはしたくありません
新人と中堅ベテランがうまくかみ合った組織になれば
まめっこはもっと成長し
もっとすばらしい商品をお客様に提供できるはずです！
まめっこ
まめっこ豆乳
ドーナツ
おからコロッ
まめっこ豆乳ぷりん

新卒採用の
準備
履歴書
書
評価制度の
導入
評価票
中・長期的視点に
基づいた要員計画
これらを同時に
考えるのは
大変そうだけど
頑張って
みます！
まめっこの
「ひとり人事」
だし
何より
「人」が好き
だから！

01 評価をめぐる人事の役割

人事評価とは、企業が社員に求める期待に対して、現在の到達状況がどうであるかを一定の基準に沿って把握するものです

人事評価の結果は、大きく分けて**処遇**、**配置**、**人材育成**の3つに活用されます。最もわかりやすいのは処遇への反映です。評価結果に応じて給与や賞与が決まり、昇進・昇格などの処遇を決定されます。また、人事評価によって、個人の能力や特性が正しく把握できれば、その人材の能力を活かす適正な配置を行うことが可能になります。

加えて、評価は人材育成における重要な機会です。社員一人ひとりの成長課題が何か、評価はその情報として活用されます。

社員にとって納得感のある人事評価を行うには、スキル、プロセス、成果という3つの評価の対象と基準、またその評価プロセスや評価者を明確にすることが重要です。また、定期的に仕事の進め方や成果のフィードバックを受けていれば、期末評価の納得度も増すでしょう。公平で客観的な評価を行うために、人事担当者が担うべき役割は大きく3つあります。新任担当者が関わるのはスケジュール調整程度ですが、全体像を知っておきまし

ょう。

まず、評価者に対し評価の重要性や方法を正しく理解してもらうことです。全社説明会や研修の実施を通じて目的や手段を伝え、期日内に適切な評価が行われるよう求めます。

次に評価プロセスの管理です。評価実施後、上司から部下へのフィードバックが適切に行われているかなどを確認する必要があります。

最後に評価の甘辛調整を行うことです。どうしても生じてしまう下記のようなエラーに対し、複数者が評価するよう設計したり、評価の適正さを確認し合う評価会議の運営をしたりします。

評価エラー例

ハロー効果	特定の評価に引きずられる
中心化傾向	標準的な評価ばかりつける
寛大化傾向	評価が全体的に甘い
期末効果	直近の出来事に評価が引きずられる
減点化傾向	悪いポイントばかり探して評価する

02 人事異動

人事異動は前提として、組織のあるべき姿に向かうために実施されます。

まず、人事異動を行う大きな目的のひとつとしては、企業としての事業計画や各部門の予算などに基づいて「配置する」ことがあげられます。各部門にどのような人材を何人配置するべきか、さらに、個人の能力レベルや強み・弱みも考慮した上で「適材適所」になるよう調整するのです。また、「組織の活性化」もその目的のひとつです。組織内の人が動くことにより、それまでの人間関係がいったんリセットされ、また新しい人間関係が発生します。新たな人間関係に適応していこうという各人の行動が組織を活性化する、というよい点があります。逆の側面から見れば、癒着（仕事上、好ましくない状態での強い結び付き）を防いだり、既存のやり方を新たな視点で見直すための環境作りとも言えます。こういう観点から、公務員や金融機関などは一定期間での異動が基本となっています。さらに、社員個人については、新しい業務を習得したり、新たな人間関係の中で適応しようとすることで「能力開発」が促進されます。加えて、その異動が本人が希望する新たな挑戦を伴うものである場合、「動機付け」がなされ、モチベーションの向上につながります。

人事異動が発生する要素

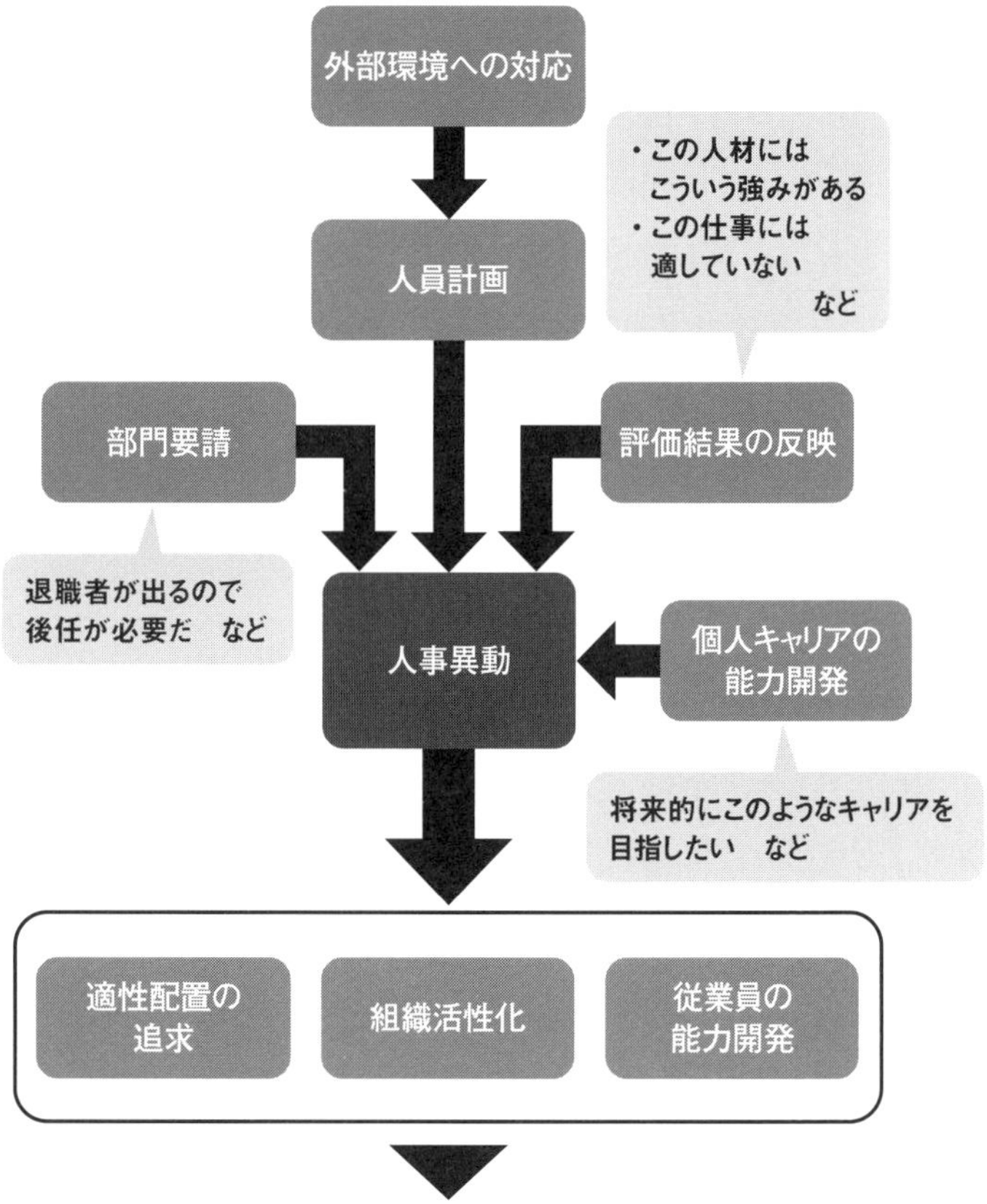
外部環境への対応
人員計画
・この人材には
こういう強みがある
・この仕事には
適していない
など
部門要請
評価結果の反映
退職者が出るので
後任が必要だ　など
人事異動
個人キャリアの
能力開発
将来的にこのようなキャリアを
目指したい　など
適性配置の
追求
組織活性化
従業員の
能力開発

さまざまな要素を考慮しながら企業の現状や今後の方向性に
適した人事異動を行うことが必要。

一方、人事異動は、その社員だけでなく、所属する組織のメンバー、および家族にも影響を及ぼすことになりかねません。そのくらいデリケートなテーマだということを理解しながら、慎重に調整を進める必要があります。一方で、個人の事情や組織の事情だけが優先されると、会社としてのあるべき姿を作ることができない、もしくはスピードが遅くなる、ということもあります。「個別の事情を考慮すると異動なんて組めない」ということで、あえて考慮せずに、定期的・機械的に異動を進める企業もあります。人事の立場としては、会社として何をどのくらい優先させる考えかということをよく経営陣とすり合わせながら進めていく必要があります。

人事異動とは、広義では組織における人の動きそのものを示します。言い換えれば、29頁で紹介した人事フロー用語はすべて人事異動に含まれます。ただし、狭義では、在籍社員の組織の内外でのヨコ異動・タテ異動の人事フローを指します。具体的には、部署異動、出向、昇進・降格などです。この狭義の人事異動を大きく分けると、同一の企業内での人事異動と異なる企業間の人事異動に分けることができます

1. 社内の人事異動

社内の人事異動には、まず、役職や等級の変更があります。企業の中で、部長や課長といった役職の変更を伴う異動を昇進（降職）、一般職2級から1級などの各企業で定めら

れた等級制度上の変更のことを昇格（降格）と呼びます。昇格は、その基準を公開することにより、「自分がどうなれば（何ができれば）、昇格できる」というような社員の成長に対する指標にもなりますので、要件や基準を社内で公開しておくことが望ましいと言えます。

一方、部署やチームを変更することを部署異動・配置転換と言います。また、異動に伴って事業所などの勤務場所の変更が発生する場合には転勤と言います。法律上、業務の都合があれば社員に同意を得ずとも異動させることができますが、労働契約によって、職種や勤務地を限定した上で雇用している社員の配置転換や転勤については、社員の同意を得ることが求められま

社内での人事異動

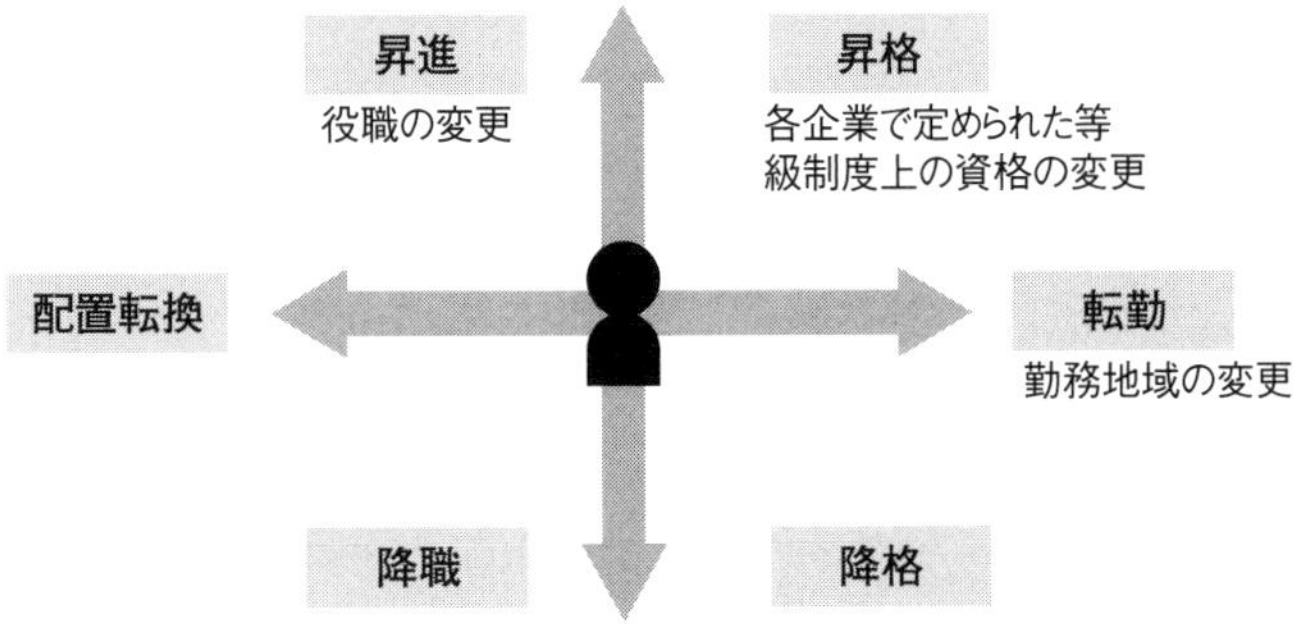
昇進
役職の変更
昇格
各企業で定められた等
級制度上の資格の変更
配置転換
転勤
勤務地域の変更
降職
降格

す。

2. 異なる企業間の人事異動

グループ企業など関係会社への「出向」と「転籍」の2つがあります。原則として、以下に記すような企業間の異動を実施する際には本人の意向の確認が必要になります。

まず出向は、籍は異動元の企業に置きながら他社にて勤務することを言います。一般的には、本社のポスト不足解消や社員育成の一環としてグループ内企業など関係のある企業に出向するケースがほとんどです。原則社員本人の同意が必要となる異動ですが、就業規則や出向規定による取り決めがあり、それを社員が包括的に同意していれば、改めて個別の同意をとることなく実行することができます。

一方転籍は、一度元の企業との雇用関係を解約（退職）し、新たに転籍先の企業に雇用されることになります。社員にとっても雇用条件が変わることにもなりかねませんので、転籍を行う際には、社員本人の同意をとることが必要になります。

同一企業内、異なる企業間の異動はいずれも適材適所の配置等企業としての事情があり実施されますが、社員が異動先でも意欲的に働くためには、なぜこの異動が必要だったのか、異動後に何を期待しているのか、という会社としての必然性と本人への期待値を伝えることが必要です。また、社員がそもそも希望している異動であれば、動機付けされているはずですので、近年では自己申告制度によって社員本人が自分の異動希望先を企業に申し出たり、社内公募制度のように特定のプロジェクトや業務への異動募集に対して、社員が応募したり、といった個人の希望に考慮した人事異動施策を実施する企業もあります。

最後に、**人事異動行うための実務上の5つのステップ**を紹介します。

人事異動は、まず**①異動計画の立案**からスタートします。これは、経営戦略から定員計画（必要人数）・要員計画（雇用形態ごとの人員配置）へと展開されて作成されます。異動計画後のステップをスムーズに進める上では、組織・個人双方に納得感のある異動計画の立案が不可欠であり、事前に各部門や社員の状況を収集しておくことが大切になります。

異動計画策定後は、異動元と異動先双方の上長への確認後、異動元の上長から本人に異動について伝えます。これが**②内示**です。伝え方によっては本人のモチベーションを低下することにもなりかねないので、上司は組織上の必要性や異動後の期待値、そして個人のキャリア上の意義などの観点で、理由を本人に説明できるよう整理しておくことが必要です。その後、本人の同意によって人事異動が確定した場合、人事通達を**③発令**し、全社・部門に対して告知をします。

異動によって勤務地の変更が生じる場合は、住居や通勤費変更等の**④手配**が生じます。

これらの転勤に付随して発生するコストをどこまで会社が負担するかも考慮しなければならない重要なことです。初めての転勤となる人の場合はこういうことも気になりますので、本人への内示の際にあらかじめ伝えられるようにしておくことも必要です。これらを経て、ようやく**⑤赴任**にいたるのです。

人事異動の5つのステップ

①異動計画の立案

②内示

③発令

④手配

⑤赴任

03 退職

一般的に、社員が自らの意思もしくは就業規則などで定められたルールに基づいて企業を辞めることを「退職」と言います。

退職には大きく分けて、以下の3つの種類があります。

1．任意退職…社員が自ら労働契約の終了を希望する場合です。労働基準法では自己都合による退職の手続きは特に規定されていませんが、民法では本人の申し出から14日後に労働契約が終了すると規定されています。ただ、この申し出については、就業規則にて1カ月前に行うことを定めているのが一般的です。

2．合意退職…会社から退職を勧められて社員が承諾した場合です。合意退職には、業績不振などの理由から人員を削減するために退職金の割り増しを付けるなどの優遇策をとって社員の希望退職を募るものや、直接社員に退職を勧告する勧奨退職などがありますが、企業側からの退職要請であっても、社員との合意がなされていれば解雇ではなく、退職扱いとなります。

3．自動退職…契約期間の終了やその他の事由によって自動的に労働契約が終了する場合です。これには、定年退職や契約期間の満了による退職や、就業規則にて定められた休職期間内に復職できなかった場合の労働契約終了が含まれますが、その他にも無断欠勤が続く社員を退職させるというものもあります。その場合には、社員の意思を確認することが難しいため、事前に就業規則に一定期間の無断欠勤が続けば自動退職とみなす旨を明記しておくことが条件となります。

退職の種類と特徴

退職の種類		特徴
任意退職（辞職）	自己都合退職 辞職	社員が自らの意思で労働契約の終了を申し出る。 ※原則、２週間前までの申し出が必要。
合意退職	勧奨退職 希望退職	企業と社員個人とが合意した上で、労働契約を終了させる。
自然退職	定年退職 契約期間終了 休職期間の満了 死亡退職 役員就任など	就業規則などによって定められた条件が満たされた場合に、自動的に契約が終了する。

Column

これからの企業の定年は何歳？

従来、日本では60歳定年が一般的でした。しかし、少子高齢化の影響による労働人口の不足から、高年齢者が少なくとも年金受給開始年齢までは意欲と能力に応じて働き続けられる環境整備が必要という背景から、2015年4月1日より65歳まで定年を延長する「高年齢者雇用安定法」が施行されました。今回の改正は高年齢者の雇用確保措置を充実させるという観点でおもに次の２点の改正がありました。

まず、継続雇用の対象となる社員を労使協定にて「限定する」ことはできなくなったことです。これにより、希望する社員には全員65歳まで働く場が提供されることとなりましたが、雇用形態や給与の変更は認められていますので、本人の意欲や・体力や能力に応じて、仕事が見直される形となるということになります。

もうひとつは、企業の再雇用範囲をグループ会社まで拡大する仕組みを設ける、ということです。このような背景から、高年齢者の活用、再雇用を進める企業が増えてきましたが、これにより、社内の人材代謝が低く、若手が活躍する機会が減少するという懸念もあり、人事部としては、人材マネジメントの観点から、どのような人にどのような役割を担ってもらうのか、全社的な観点で検討しなければならない大事なテーマとなっています。

04 解雇

企業側の都合によって一方的に労働契約を終了させることを「解雇」と言います。社員の生活に大きな影響を及ぼしますので、慎重な運用が必要です。解雇には大きく分けて以下の3種類があります。

1. **普通解雇**…就業規則に定めのある解雇事由に相当する事実があった場合に行われる解雇です。内容としては、試用期間中の職務不適合による解雇や、無断欠勤、遅刻や業務命令違反を繰り返すなどの理由による解雇、また本人の能力不足や組織不適合などがあります。

2. **整理解雇**…企業の業績不振や事業縮小などの経営上の都合による解雇のことを指します。ただし、少なくとも「人員削減の必要性」「解雇回避努力の履行」「被解雇者の人選の合理性」「社員に対する説明・手続きの妥当性」という4要件を満たしていなければ、整理解雇を行うことはできません。

3. **懲戒解雇**…就業規則上に定められている懲戒解雇事由に基づく具体的な事実があった場合に適用される解雇です。例えば、社員が企業の社会的信頼を大きく損ねたり、経歴詐称や業務上の虚偽報告など、重大な労働契約上の違反を犯した際に実施されます。

社員を解雇する場合には、原則として解雇の30日前までには文書もしくは口頭にて本人に解雇の予告をしなければいけません。また、もし予告をしない場合には、平均賃金の30日分以上を解雇予告手当として支払わなければいけません。ただし、天災事変その他やむを得ない事由のために事業の継続が不可能となった場合や懲戒解雇など社員側に責任がある事由に基づいて解雇する場合においては、30日前の予告、または解雇予告手当の支払いをする必要はありません。その場合、労働基準監督署に「解雇予告除外認定許可」を受けることが必要です。また、国籍や信条、性別などを理由にした解雇は法律によって規制されています。

整理解雇のための4要件

1	人員削減の必要性	企業から客観的に見ても、重大な経営危機などの人員整理がやむをえない状況にある。
2	解雇回避努力の履行	解雇を回避するために、配置の転換や任意退職の募集などの努力を行った。
3	被解雇者の人選の合理性	定年間近や、遅刻が多い等の勤務態度が悪い従業員の解雇など、人選に合理性がある。
4	従業員に対する説明・手続きの妥当性	なぜ解雇が必要なのか、またどのようにして人選されるのか、実施時期はいつかなど、具体的な内容について従業員に対して説明を行っている。

05 雇用調整

雇用調整とは、経営を行うために必要な業務量に対して適正な雇用量になるように調整を行うことです。つまり、経済が低成長の時代、雇用調整、人件費のコントロールは経営にとって重要度を増しています。

雇用調整の実施に当たり、多くの企業がまず実施するのが残業や休日出勤の削減です。次に、企業内での配置転換や出向を実施するなどして、適正な人員数への調整や採用の抑制が行われます。また、契約社員やパートタイマー等の非正規雇用者の契約更新をしない「雇い止め」も検討されます。

それでもまだ調整が必要な場合には、正社員の雇用は継続したまま就業を停止する「一時帰休」が実施されます。この際も雇用関係は継続されていますので、企業は労働基準法に従って平均賃金の60％以上の休業手当を支払う必要があります。

これらの手順を踏んだ上で、最終的な手段としてとられるのが希望退職の募集や整理解雇の実施です。

雇用調整の一般的なステップ

時間外労働の削減

●残業代の削減
●休日労働の削減
●ワークシェアリング
※所定労働時間を短くし、多数の従業員の雇用を維持したまま、人件費を減少させる。

↓

配置転換などの内部調整

●配置転換、出向など、企業の中でも余剰人員のいる部署から、人員が不足している部署への人事異動を行う

↓

入口・出口政策

●採用の抑制
●退職による欠員補充をしない
●非正規社員の契約更新を停止する(雇い止め)

↓

一時帰休

●雇用関係を保ったまま、就業を停止する
※雇用を維持させるために、一定基準を満たせば、事業縮小によって生じる一時帰休や、その間に実施する教育訓練に対して、政府から「雇用調整助成金」が支給される。

↓

退職・解雇

●退職金の割り増しや再就職支援などの優遇策を盛り込んだ上での希望退職者募集
●特定の基準によって選定された従業員の整理解雇

どんな理由であったとしても人事異動を行うと
3つの効果が得られます
また「3つ」ね

Part 4

人を育てる・守る

Story4　社員《ひと》のため自分のため

これだけ深く「人」に関われる仕事って
最高ですね
人事担当者としてもっともっと組織《ひと》のために働きたいです！

Story4
社員《ひと》のため自分のため
中・長期視点に基づいた計画のものと採用した人材を
適材適所で配置し公正に評価する！
サンマー
えっと……
そこまでやったら人事はあと……何をすればいいんだ？
もちろん新卒採用の計画や準備は進めるけど
どんな人材を何人採るかはもう決めたし
採用計画
評価制度も作ったし配置の検討もやった
その上会社のどこを改善すれば……

人事に悩んでいるヒマなんてあるのかい？
きぬえさん！
この展開この間も…
評価方や配置が固まったらその次は――
人や組織を「育てる仕組み」を考えないとね
ビジョンの達成
組織力の向上
ハード面 仕組み化
ソフト面 社員の能力UP
会社が経営ビジョンを達成するためには事業の「仕組み化」を進めることと
社員の能力をアップさせることが大事なんだよ

はははあ……
考えます
メモっておこう…
あの～
きぬえさんって経営や人事に詳しいですよね
そ
そうかねえ
どこで勉強したんですか？
僕にも教えてくださいよ
ガチ
ガチャ
私は掃除で忙しいんだ
そんなヒマはないよ
シロウトだしね
人事を勉強したいのなら
ちゃんとした専門家にでも聞くんだね
きぬえさん…
でも絶対ただ者じゃないよな…

社員の能力をアップさせる「人材開発」の代表的な方法としては
「OJT」と
「OFF-JT」があるの
OJT（On the job training）は「職場内研修」とも呼ばれ
スーパー04
上司や先輩社員が日常の仕事を通じて部下や後輩を指導するという育成法よ
仕事しながら教わるため効率的かつ継続的に実践的な能力を身につけられるけど
教える側の能力や与えられた仕事によって効果が左右されるのが欠点ね

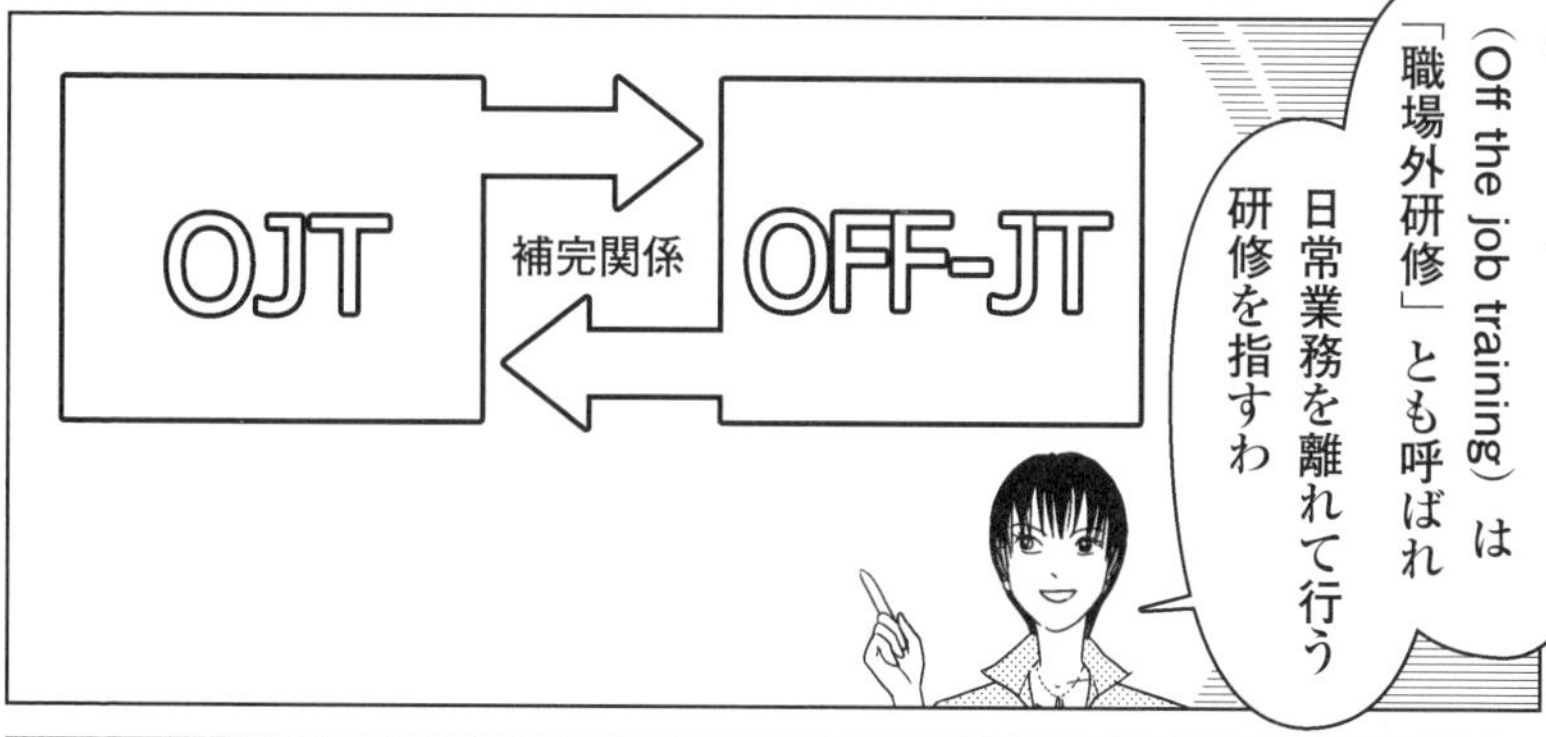
OFF-JT（Off the job training）は「職場外研修」とも呼ばれ
日常業務を離れて行う研修を指すわ
OJT
補完関係
OFF-JT

OFF-JTは一般化されたスキルや知識を集中的に学べるのが特徴よ
複数者に同じトレーニングを施すことで
一度に複数名の対象者に均等に育成機会を提供できるわ

でも 短期で終了するトレーニングが多く
効果の継続や職場への展開が難しいという欠点がある…
Hello!! This is …
ペラ ペラ ペラ
あ…
まっしろ

一長一短
なんですね
そうね
だから――
OJTと
OFF-JTは
それぞれが補完
し合うことで
より高い効果が
期待できるの
ただOJTは
現場に任せっきり
にせずに
人事からも
フォローを
すべきよ
効果的なプロセスが
組まれているかの
把握や
目標の
設定
上司からの
フィードバック
部下の
気づき
上司による育成結果の
差を小さくするための
バックアップなどね
1　OJT促進ツール
OJTマニュアルの作成
2　OJT受け入れ研修の実施
3　OJT担当者同士の情報
交換機会のセット

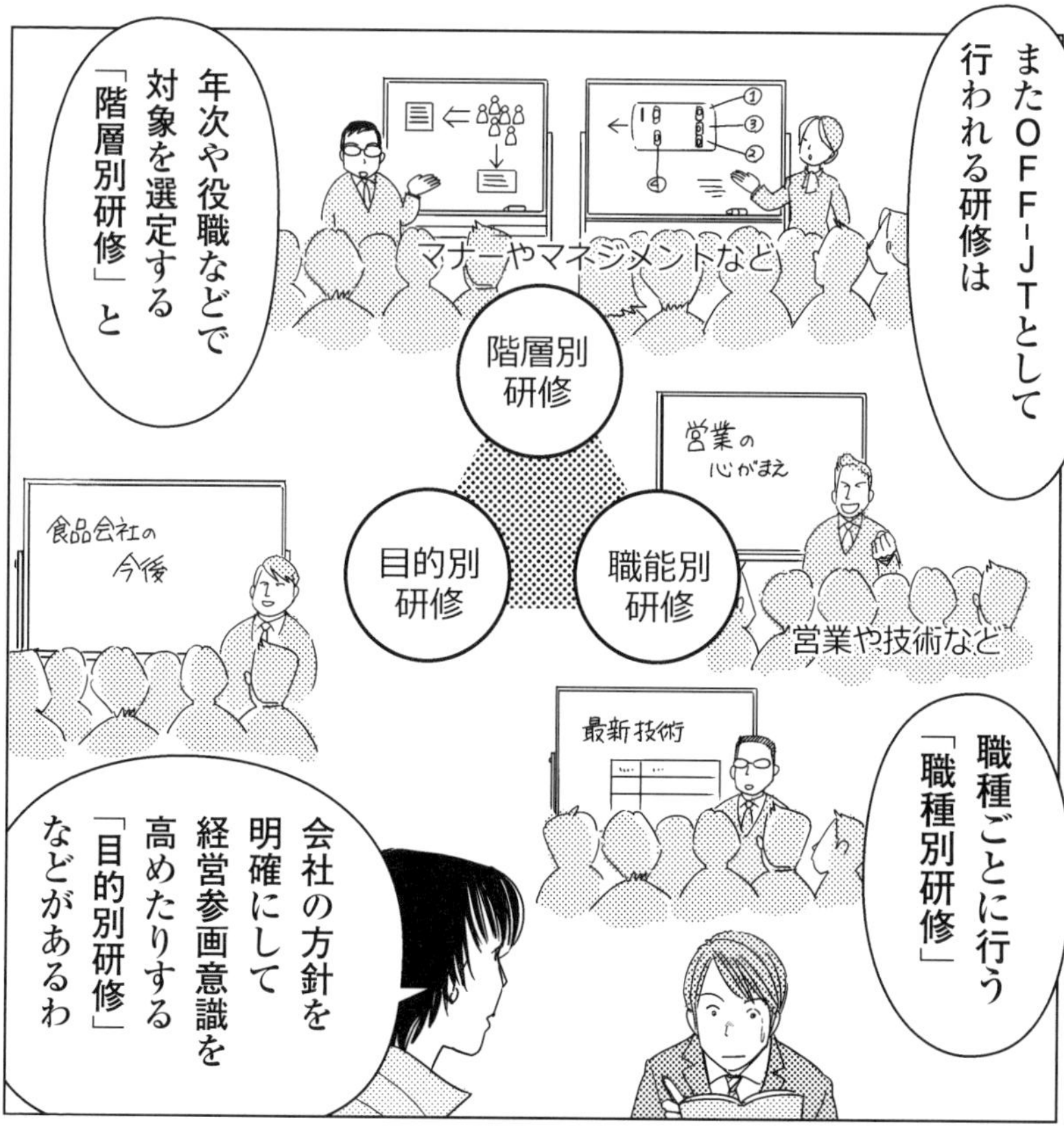

またOFF-JTとして行われる研修は
年次や役職などで対象を選定する「階層別研修」と
マナーやマネジメントなど
階層別研修
営業の心がまえ
食品会社の今後
目的別研修
職能別研修
営業や技術など
最新技術
職種ごとに行う「職種別研修」
会社の方針を明確にして経営参画意識を高めたりする「目的別研修」などがあるわ

目的に応じて集合研修にこういったものを組み合わせることもできるの
公開講座
e-ラーニング
通信教育
DVD教材

最近は　投資効果を高めるために対象者を厳選する「選抜研修」を行う会社も増えましたが
どの研修もどのような手法で行うかを考えながら
手順に沿ってプログラムを検討してください
事前準備や当日の運営
よろしくお願いします
これでよし!!
そして実施後のフォローまで
アンケートです
ありがとうございます
研修資料
研修を行うにはかなりの労力が必要だけど
いい研修ができれば受けた社員の表情も行動も変わるわ
アンケート
アンケート

人材育成に携わることで「ひとり人事部」の豊川さんも
まめっこの人材のひとりとして彼らと共に成長できるはずよ
……
最高ですねこれだけ深く「人」に関われる仕事って
人事担当者としてもっともっと組織《ひと》のために働きたいです！

ほかにもありませんか？人事《ぼく》ができること！
まめっこは本当にいい人材《ひと》を採ったのね
カチャ
そこまで組織を思えるなら
「会社として社員を守る」こともレクチャーしておこうかしら！
行くわよ
さあ！
あ　あの午後の仕事はいいんですか？
ご心配なくそれなりにタイムマネジメント能力はあるから

BOOKS MOJIYA
企業法コーナー
この本の内容を頭に入れておきましょうね
えー!?
社員に安心して働ける環境を提供するためには
労働法も押さえておいてね
労働法の基本

労働基準法
労働組合法
労働関係調整法
これらを「労働三法」と呼びますが
人事担当者は最低限労働基準法のおもな条文くらいは頭に入れておくべきね
領収書ください
労働基準法の第89条では就業規則について定められているわ
就業規則とは…
企業（正式には事業所）と労働者が守るべき規則のことで
就業規則
事業所
常時１０名以上の労働者
常時10名以上の労働者がいる事業所では作成が義務付けられているの
労働法の基本

就業規則の記載事項は決められていて3つに分けられるの
絶対的記載事項
休憩
8:00
17:00
給与
就業時間や休日、賃金など
相対的記載事項
消毒
賞与
退職金
任意的記載事項
退職金規定や臨時の賃金、安全や衛生に関する取り決めなど
会社をトラブルから守るためにも
就業規則
てぃっ
まめっこ
就業規則
従業員が安心して働くためにも就業規則は役立つわ
まめっこの就業規則もこの機会に再確認してみてくださいね
まめっこ就業規則
はい
それから職場の安全衛生管理は意識しているかしら？

労働災害を
防止するためにも
労働環境が
安全で快適か
ハラスメントなどの
問題が発生していないか
常に目を配る
必要があるわね
最近は「心の病」である
「メンタルヘルス不調」が
頻発しているわ
休憩室
その予防には
みずから十分な
休息や睡眠を取る
などの
「セルフケア」と
○○君
今日は早めに
帰ったほうがいいよ
はい
管理監督者が
部下を見守り
声かけなどをする
「ラインケア」があるの
その上で
社員の働きすぎを
チェックしたり
メンタルヘルス不調を
発症した社員の
フォローや職場復帰
再発予防などに
汗をかくことが
人事における労務担当者の
重要な仕事になるのよ

社員《ひと》のために働くには
深刻な問題とも戦わなければならないんですね
でも人事が戦うことで
社員が笑顔で楽しく働けるようになる
安全な職場環境作りや
CT検査室
総合病院
保養所
安心して仕事ができるための制度面や精神面でのフォロー
人事が動けば
会社は変わり

社員も働きやすくなるのよ！
豊川さんは会社《まめっこ》の決断で入社して
期待してるよ
よろしくお願いします！
「ひとり人事部」となったわけだから
みずからの行動に自信と誇りを持って

会社にどんどん提案してみたらいいと思うわ
私も豊川さんを応援しているし
あなたは必ず人事の「プロフェッショナル」になれるわ！
まめっこ
よーし!!
労働法の基本
まめっこ就業規則

社員《ひと》のために働くことが——
組織《かいしゃ》と自信の成長にもつながります
人事という素晴らしい仕事の——
プロフェッショナルになってください！
まずは「わかりやすい」就業規則にするべきだよな。うん…

01 人材開発の目的とは

人材開発の目的とは、経営戦略を実現するために人材の能力開発をすることです。かつて日本企業における人材開発は、新卒一括採用、年功序列、終身雇用という一律的な人事慣行の中で入社年次や役職への任用ごとに実施される階層別研修が主流であり、経営目標と連携させるというよりも、年次イベント的に運用されていました。

しかし近年、外部環境の変化の速さやグローバルでの激しい競争にさらされる時代に入り、企業は以前にも増して経営戦略を意識するようになりました。また、それに伴い自社の経営戦略を遂行するためにどのような人材が必要になるかを逆算して、誰のどういう部分を開発するかという戦略的な考え方が必要になってきました。そのため、研修や人材開発は、福利厚生的・自己啓発的な位置付けから投資としての位置付けにシフトし、その施策に対する費用対効果はどうなのかということが問われるようになってきています。

人材開発の仕事は、大きく分けて2つあります。ひとつは、**経営戦略に対する人材の課題が何なのかを把握し、解決策を企画立案・推進していくこと**。もうひとつは、**社員個々人の志向を踏まえてキャリア開発支援を進めること**です。その中で、人材の成長を通じて組織がさらに成長し、経営戦略がうまく実行される、という一連の流れを作ることが理想であるため、人材の志向と組織の方向性が一致していることがとても重要です。

これらの役割を果たす上で、人材開発担当者として求められる能力をまとめました。

1．課題設定力

組織戦略やマネジメントの要望から、組織や人材の能力的課題を正しく把握することが求められます。

2．企画力

課題を解決するためにいつ、どういう層を対象にどのような施策（例えば研修やOJTの仕組みなど）を行うことが効果的かを考え、企画する能力が求められます。また効果測定をどのようにするのかをあらかじめ検討しておく必要があります。

3．実行調整力

企画の方向性が決まったら、それを実現・サポートしてくれるパートナー（研修会社など）を探したり、どこでどのように行うのか、参加者が前向きに参加できるための事前連絡などの実務的なことが多く発生します。このような段取りをうまくつけられる実行調整力が求められます。

成績のよい営業担当者を育成する場合を例に考えてみましょう。まず、成績を上げるためにはどのような要素が必要か、分解して考えてみます。商品を売るには、商品に関する知識が必要です。また、それをうまく説明するプレゼンテーションスキルも必要でしょう。さらに、お客様との関係を維持するために日々連絡を取ったり、お客様の課題を考え続けるなどの行動も求められます。それらの行動を起こさせるのは本人のマインドです。

このように、営業成績を上げるためには、知識・スキルだけではなく、行動やマインドなど、さまざまな要素を組み合わせて考える必要があります。これらの要素を理解し、従業員の能力を高める施策を実現するのが人材開発の仕事なのです。

組織力向上の仕組みと人材開発の要素

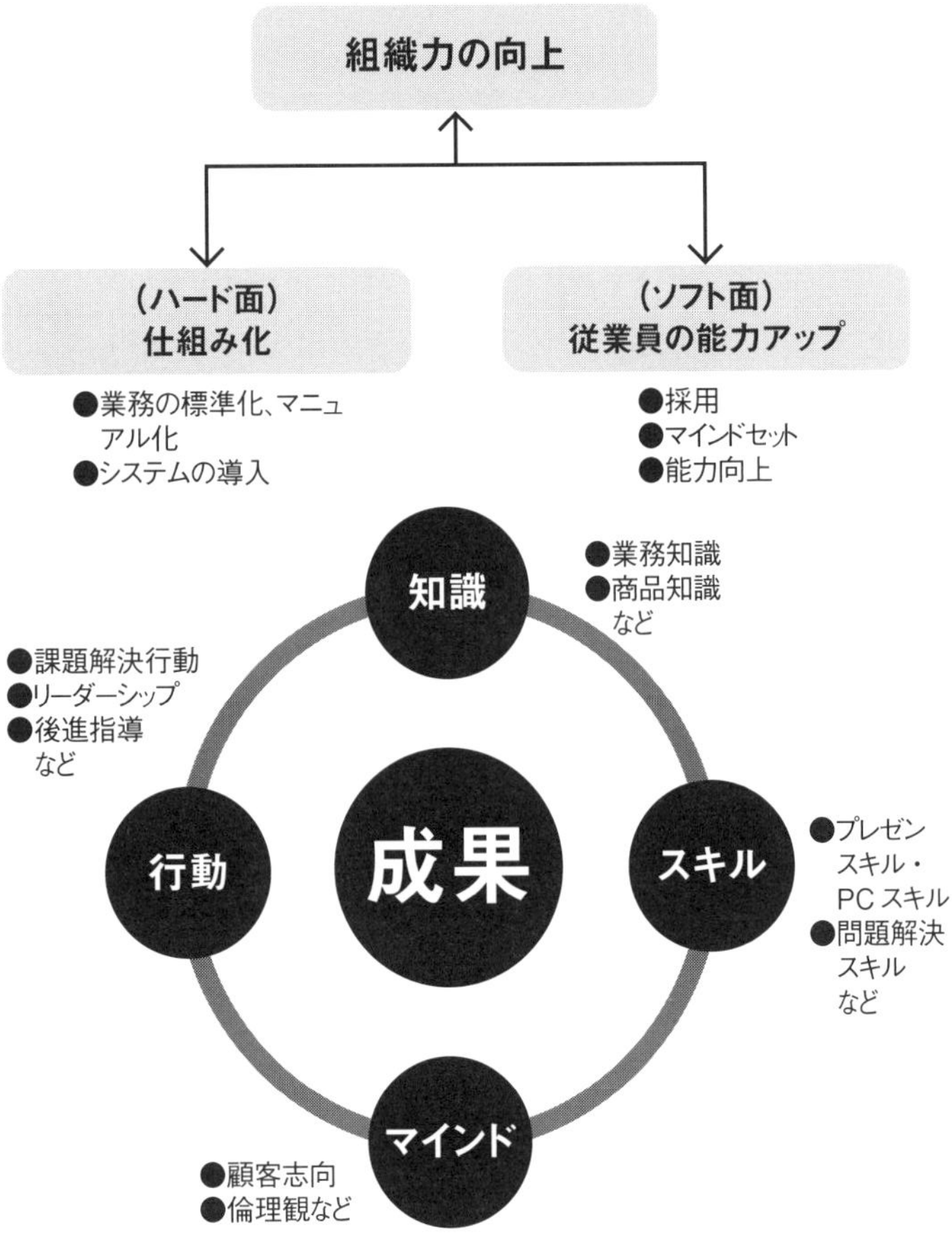
組織力の向上
（ハード面）
仕組み化
●業務の標準化、マニュアル化
●システムの導入
（ソフト面）
従業員の能力アップ
●採用
●マインドセット
●能力向上
成果
知識
●業務知識
●商品知識
など
行動
●課題解決行動
●リーダーシップ
●後進指導
など
スキル
●プレゼンスキル・PC スキル
●問題解決スキル
など
マインド
●顧客志向
●倫理観など

02 人材開発の全体像

人材開発では、事業ビジョン達成のために、人材が組織で求められる能力に達するような施策を行わなければなりません。そのための支援を行う必要がありますが、大きく分けると、現場で仕事を通じて学びながら能力を高める**ＯＪＴ（On-the-Job Training）**と、集合研修など職場を離れて行う**ＯＦＦ‐ＪＴ（Off the Job Training）**があります。

ＯＪＴは職場内研修とも言い、上司、または先輩社員が日常の仕事を通じて部下、または後輩の「職務に必要な能力」をある計画をもって育成していく方法のことをさします。実用的かつ継続的な育成方法として多くの企業で導入をされている方法です。

一日の大半を占めている日常業務の中で学ぶＯＪＴは、能力開発という面において時間的にも実践を繰り返せるという意味でも非常に重要です。しかし最近では、現場があまりＯＪＴに注力しなくなっているということを耳にします。これは、上司や先輩社員が成果主義の導入により部下育成より自身の成果に精一杯になってしまったり、ＩＴ化により隣の仕事が見えにくくなったりしたことが影響していると言われています。

さらに昨今、管理職と若手社員の世代間ギャップなどからコミュニケーションが難しくなり、現場でのＯＪＴがうまくいかないという声を聞くようになりました。それは時代の変化とも言えますが、今の管理職世代が社会人になった時代と今は経済状況が大きく異なり、それに伴って、今の若手社員の価値観が大きく変化してきているということです。それを理解し、人事部が主導となって双方の理解を深める機会を作ることが必要になっています。

ＯＪＴそのものは現場が行うことですが、人事部には現場がスムーズにＯＪＴを実行できるように推進することが求められます。具体的な施策としてはＯＪＴマニュアルの作成、ＯＪＴ研修、目標管理やコミュニケーション支援が挙げられます。マニュアルの作成では、下記のようなことを盛り込みます。

1．自社のＯＪＴの基本方針を打ち出す…ＯＪＴに関わる、会社としての基本的考え方を整理しておく。

2．ＯＪＴへの理解を深められるような考え方を明示する…ＯＪＴ担当者の役割、ＯＪＴとその他教育施策の関わりについて理解できるような内容にする。

3．実際の手順、実施要領の詳細を説明する…ＯＪＴのプロセス、育成計画の作り方、指導記録のつけ方、面談要領などの具体的な内容がわかるように明記する。

4．マニュアルに合わせてＯＪＴ運用のためのツールを整備する…ＯＪＴ実行計画表、指導記録票などの各種フォーマット、用語集など、必要に合わせて整備する。

ＯＪＴ研修ではマニュアルを使って「ＯＪＴの重要性」など体系的な理解を深めるプログラムも盛り込みつつ、実際に育成計画を作るワークショップを取り入れたり、目標管理の際の面談方法など部下とのコミュニケーションの取り方についてロールプレイングを通じて学ぶプログラムにすると、形式的なものにならず、現場で活用できて効果的です。

一方、**ＯＦＦ‐ＪＴとはＯＪＴの対語であり、職場外研修のことを指します。**日常業務から離れて実施する集合研修や公開講座、通信教育、ｅラーニングなどが該当し、実務的なものというよりは一般化されたスキルや知識についての教育が目的となるため、実務で活用するにはＯＪＴの効果的な運用が欠かせません。

また、いわゆる「自己啓発」もＯＦＦ‐ＪＴに含まれます。自己啓発とは、社員が自発的な意思において、日常業務と離れた場所や時間を使って、業務に直接・間接的に役立つ知識・教養やスキルを身に付けることを指します。個人で投資する場合と、企業が福利厚生制度の一環として取り入れている場合があります。

効果的なOJTプロセスと人事部のOJT支援

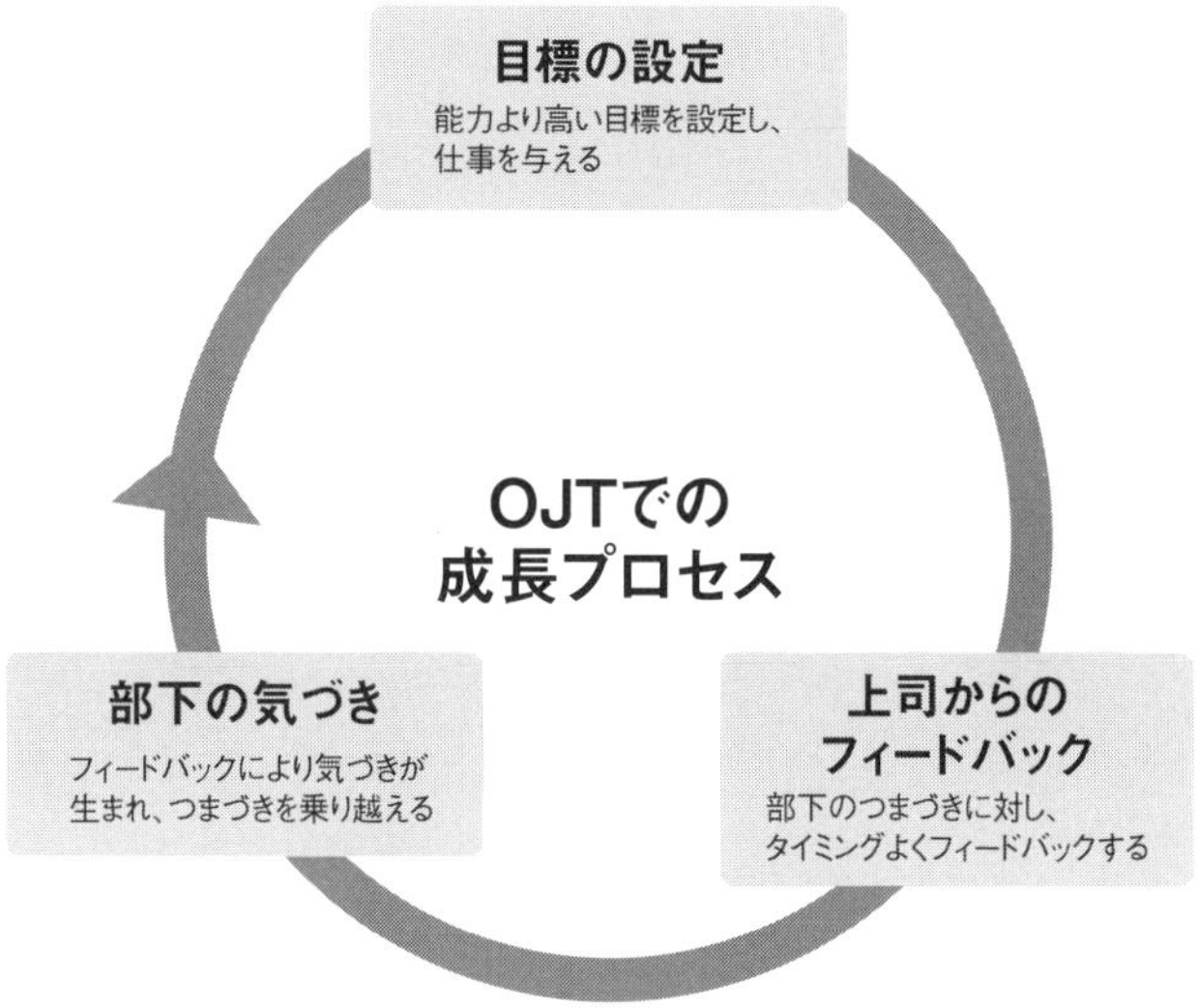
目標の設定
能力より高い目標を設定し、仕事を与える
OJTでの成長プロセス
部下の気づき
フィードバックにより気づきが生まれ、つまづきを乗り越える
上司からのフィードバック
部下のつまづきに対し、タイミングよくフィードバックする

①OJT促進ツール・OJTマニュアルの作成	②OJT受け入れ研修の実施	③OJT担当者同士の情報交換機会のセット
OJT実行計画表、指導記録票といったOJT運用のためのツールを必要に応じて整備する。	①を配付しただけではわかりにくい育成計画の作り方やフィードバックの仕方などを、ロールプレイやケーススタディを用いて演習を行う。	OJTをする側同士で情報交換することで現状を客観的に見られたり、新たな工夫に気がついたりする。

▼

上司による育成結果の差をできるだけ小さくする

1. 集合研修

集合研修はその名の通り、企業ごとに対象者を集めて行う研修を指します。階層別研修、目的別研修、職能別研修などに分けられます。ある程度の参加者の業務の繁閑や都合は考慮されますが、日程が決められているため業務の調整をして参加する必要があります。

①階層別研修

年次や役職などで分けられ、節目ごとに行われるのが一般的です。年間の研修のベースとなっており、部門ごとに必要なスキルなどは別に研修を企画します。

②目的別研修

職種や役職などにかかわらず、あるテーマに特化した集合研修を指します。会社や組織で新たな考え方を浸透させたい時によく用いられます。

③職能別研修

職種ごとに、仕事の内容などに応じてその専門知識やノウハウを学習し、スキルを高めるために行われる研修です。これは熟練した現場社員が講師を担当することもあります。

2. 公開講座

外部機関が行っており、他社からも受講者が参加します。専門的で効果的なプログラムもありますが自社の課題やビジョンと連携させることが難しい場合もあります。プログラム企画や講師をできる人が社内にいない場合や、集合研修を開催するほどの人数ではない場合に用いられます。日時や場所が最初から決まっているため、都合がつかない場合は参加できません。

3．通信教育

講座の幅が広く、自分のペースで学ぶことができるのが特徴です。課題提出をして添削される流れがあるため一方通行というわけではありませんが、取り組み方がその人の意欲に左右されてしまいがちです。

自己啓発なのか、会社として義務化するのかにもよりますが、人事部としてはきちんと受講履歴を管理しておく必要があります。

4．eラーニング

インターネット、CD-ROM、DVD、携帯端末などを介して学習することです。社内外のサーバー上にあるコンテンツをパソコンで閲覧しながら学習でき、学習履歴がつけられるので成績管理がしやすいのが特徴です。自分のペースや達成度合いで進められる半面、疑問点などをその場で解決できないこともあります。人事部としては、通信教育と同様に管理を行う必要があります。

いずれの形式を採用するにしても、目的に合致する方法を考えたり、投資すべきなのかを判断できるよう効果測定を行ったりすることが必要です。

理想的な能力開発の手法は、ＯＦＦ‐ＪＴとして日常の業務外で学んだことを、ＯＪＴを通じて日常業務の中で活かしながら自分のものにしていくというやり方です。これらはどちらか一方で簡潔するものではありません。それぞれが補完し合うことでより高い効果が期待できます。メリット・デメリットを踏まえてうまく活用し、相乗効果を図っていくことが重要です。

階層別の研修メニューの例

	内定者	新人・若手			中堅		管理職		経営層
		1年目	2年目	3年目	4年目	リーダー	新任課長	部長	
意識・意欲向上	入社意欲向上 内定者 WS			自責思考変革トレーニング(若手社員編)(1日)			自責思考変革トレーニング(次世代幹部編)(1日)		
		新入社員研修							
	自己認識力向上 WS								
ビジネスマナー・コミュニケーションスキル	ビジネススキル基礎研修								
		チーム力向上研修(部下編)							
			プレゼンテーション研修						
マネジメント力強化					プロジェクトマネジメントトレーニング				
					指導力向上トレーニング				
						チーム力向上研修(上司編)			
						勤怠管理研修			
							メンタルヘルスマネジメントトレーニング		
面接官			リクルーター研修						
				面接官トレーニング(基礎編・実践編・役員編)					
集中研修			リーダー向け指導力向上プログラム						
各種	フォローアップ研修								

03 社内研修を計画する

研修事務局は、研修の企画・検討はもちろんですが、運営部分で漏れや間違いがあると当日の運営に支障をきたし、事前に掲げていた期待効果をもたらせない場合もあるため、正確性や気配りが求められる非常に重要な仕事です。最適なプログラム検討から準備、当日の運営までを完璧にこなして、研修の効果を最大化しましょう。

最初に行うのが計画作りです。まず、参加者が研修後にどのようになってほしいかという目標を策定します（**研修ゴールの決定**）。ここで、より具体的な行動やレベルをイメージすると、その後の研修内容を組み立てやすくなりますし、参加者に告知をする際にも理解を得やすくなります。次に、ゴール達成に必要な要素を考え（**主軸となるコンテンツの決定**）、それを伝えるために適した研修方法を考えます（**研修手法の決定**）。

用いる手法が決定したら、全体の流れを組み立てます（**ストーリーの決定**）。話す内容だけでなく、話す順番や資料の充実度によって内容の浸透度は変わりますので、どう話すことが効果的かを考えながら決定していきます。**講師の選定**も研修の内容や効果に大きな影響を与えます。ひと口に講師と言っても、タイプや得意とする進め方は違いますし、社内から選ぶか外部に委託するかでも選択の範囲が変わります。いずれにせよ、研修のゴールや参加者のタイプ、投下できるコストなどを考慮しながら最も適した人材を選びます。

また、研修にはいくつかの形式があり、この組み合わせは参加者の理解度に大きな影響を及ぼします。例えば、インプットに効果的な講義型、複数のメンバーで話し合う討議型、事例に基づき対応を考えるケース型、ゲームで疑似体験しつつスキルを獲得するゲーム型、場面を設定し学習内容を実践するロールプレイ型などです。

それぞれの特徴を踏まえ、内容に適した形式を取り入れることが重要です。

研修プログラムの検討手順

①研修ゴールの決定	具体的な行動やレベル
②主軸となるコンテンツの決定	参加者に何を伝えるべきか
③研修手法の決定	参加者に理解してもらうのに最も適した方法
④ストーリー(流れ)の決定	どのような順番で話すと効果的か
⑤講師の選定	社内の人材にするか、社外の人材に依頼するか どのようなタイプがよいか
⑥資料の落とし込み	講師にどこまで依頼するか（資料作成、準備等）

04

社内研修を実施する①事前準備

研修の開催に向けて、研修担当者は研修が滞りなく進み効果が高まるよう、運営面のサポートをします。

関係者が多い研修では、日程調整と会場選定の段階から各方面に配慮する必要があります。余裕のあるスケジューリングをすることはもちろん、左図のポイントに気をつけて会場選定をするとよいでしょう。参加者が遠方だったり、研修が長時間継続したりする場合は宿泊や食事の手配も必要です。近場で食事ができるかどうか、会場の利用時間など、会場との兼ね合いも確認する必要があります。

参加者やその上司、講師とのやり取りも重要です。研修の効果を最大化するためには、参加者や上司に研修の狙いや内容を説明し、理解を得ることが大切です。場合によっては研修担当者からではなく、役員や人事部長、参加者の上司を巻き込んで告知をすることも有効です。また、会場レイアウトや席順、プロジェクターやホワイトボードを使用するかどうかなど、当日の準備物は講師と打ち合わせる必要があります。

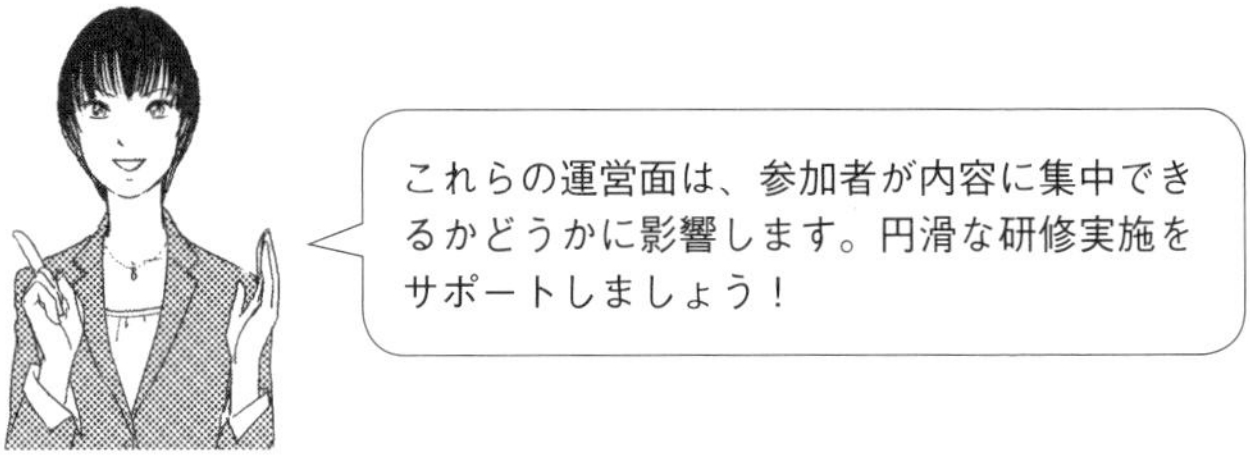
これらの運営面は、参加者が内容に集中できるかどうかに影響します。円滑な研修実施をサポートしましょう！

会場選定のポイントと会場レイアウトの例

コスト	予算内か
利用時間	利用時間はもとより、準備や後片付けの時間も確保できるか
収容人数	机のレイアウトによっては収容人数が変わるので注意する（スクール型で30人はＯＫでも、島型では難しい場合など）
机の配置	机の配置は希望通りに変えられるか（床に固定されているものもあり）
その他の設備	スクリーン、プロジェクター、音響設備、ホワイドボードなど必要な備品の準備はあるか
交通の便駐車場	参加者が集まりやすい環境か、車で来る参加者がいる場合、駐車場はあるか
その他	インターネット接続環境、喫煙設備、コンセントなどはあるか、車椅子の使用はできるかなど

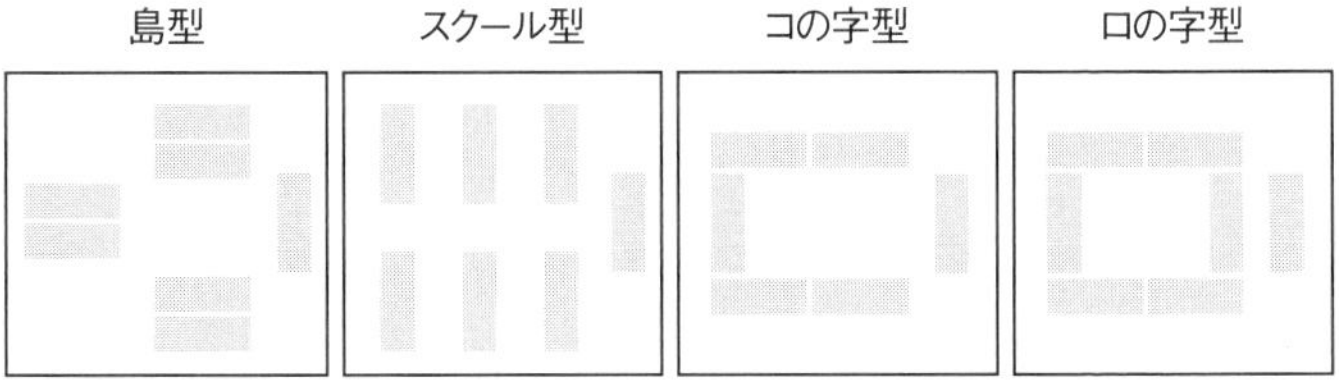
島型
スクール型
コの字型
ロの字型

05 社内研修を実施する②研修当日

すべての準備が整って当日を迎えたら、滞りなく研修が進むよう運営します。会場へは早め（1時間前が理想）に入って、到着している荷物の確認と必要機材や資料の準備を行い、レイアウトに無理がないか、動線は確保できているかなど確認しておきます。講師へのあいさつのほか、研修開始前に参加者が全員揃っているかを確認します。研修中は快適な室温・照明の調節などをしておくことも大事です。もし、研修にそのまま事務局として参加する場合は、講師が講義に集中できるよう何か対応すべきことはないか気を配ります。また、参加者が前向きに参加しているかなどの雰囲気を感じとることも大切です。

研修後は研修の効果を測定し、改善を図るため、アンケートを取ることが一般的です。研修の効果測定については、アメリカの経営学者であるカーク・パトリックが、1959年に提唱した有名なモデルがあります。彼は、「研修の効果の捉え方には、複数のレベルを評価・検討する必要がある」と主張しており、それは下記の4つのレベルに分けられています。

・**レベル1：反応**…参加者が満足できていない場合は、その後研修内容が活かされるとは考えにくいため、まずはプログラムを気に入ったかを満足度調査（アンケート）などによって測定・評価します。

- **レベル2：学習**…目的の能力が身についたかを筆記試験、実地試験、実際の業務レベルなどで測定します。研修を受けたグループと受けなかったグループで比較するという方法も行うことがあります。参加者も振り返りができるというメリットがあります。
- **レベル3：行動変容**…学習したことが実際の業務の中で活かされているかを、アンケートや360度評価などによって多面的に測定・評価します。
- **レベル4：結果**…研修の前後で売上、生産コスト、離職率などの数字がどの程度変化したのかを測定します。ただし、その結果が研修によるものなのかの判定は難しいため、上司等にインタビューして測定の精度を高めるなどが重要です。

これらを元に、プログラムの分析と是正を行っていきますが、一般的にはレベル2あたりまでを測定している企業が多いようです。必ずレベル4までふりかえりを行わなくてはならない、ということではありませんが、例えば、新入社員を対象とする入社初期研修と、選抜された管理職を対象とする次世代リーダー育成研修では、目的も期待される効果も異なります。その研修の目的や背景をしっかりと認識し、「いつ、どのレベルで効果を測定すべきか」を、あらかじめ決めておくことが望ましいと言えます。

06 外部が提供する研修プログラムを活用する

研修は、自社でプログラムを作り講師を立てるやり方がある一方で、研修会社の活用も一般的になってきています。特に、それぞれの研修会社での得意分野においては、完成度の高いプログラムが提供されるという優れた点があります。

パッケージ化された研修もあれば、企業のニーズに合わせてカスタマイズをする研修もあります。また、同じような内容でも、誰が講師を務めるかによって研修の満足度や理解度も変わってきますので、どのような講師が担当してくれるのかを確認することは重要です。

1社だけでなく、数社に同じ情報やニーズを伝えて提案や講師レベルを比較するということもよいでしょう。

また、研修当日の満足度は高くても、その後の効果としては特に現れないというのはよくある話です。終了後の効果測定やアフターフォローについて、提案してくれる研修会社は比較的信用できると言えます。

研修会社を選定する上で、おもにチェックしたいのは次のような点です。

□得意な分野について実績などを見て確認する
□1社だけではなく、数社比較検討する
□企業の実情に即した研修を提案してくれるかどうか
□先方の担当者の知識が豊富で、情報提供やアドバイスを的確にしてくれるかどうか
□実際に登壇する講師のタイプやレベルはどうか
□アフターフォローがあるか、ないか

これらに留意して外部機関を選定することにより、効果的な研修を行うことができるでしょう。また、研修会社に任せきりにすることなく、「ビジネスパートナー」として研修目的が達成できるように情報提供を密にすることが必要です。

07 キャリア開発とは

近年、**キャリアデザイン**という言葉を耳にする機会が増えてきました。これは実は和製英語で、**自分の人生においてどのように働いていくかを構想すること**という意味があります。終身雇用、年功序列が当たり前ではなくなり、社員が会社に人生をゆだねることができない状態に直面したことを背景に、企業としても、社員の労働意欲を高め、育成を効果的に行う必要が増えてきました。

キャリア開発の内容は、配属・制度を通じた支援（資格取得支援制度など）や研修など多岐にわたります。最も一般的なのが、個人のキャリアを自律的に推進するための気づきを与える研修（キャリア研修）です。自らの職業生活を振り返り、どうあるべきかを考える機会・きっかけを提供します。年代別に分けて行われることが多いため、階層別研修に組み込まれることもあります。ただし、通常業務とキャリアプランのつながりが感じられない場合、かえって逆効果になりかねませんので、上司と3カ月に1度キャリアについて面談をするなどのフォローが重要です。

厚生労働省が発表した「キャリア・コンサルティング技法等に関する調査研究報告書の

概要」の中で、キャリア形成とは①**自己理解**、②**仕事理解**、③**啓発的経験**、④**キャリア選択に係る意思決定**、⑤**方策の実行**、⑥**仕事への適応**、の6つのステップが職業生涯の節目において繰り返されることだと述べられています。人事部はこのようなステップを前提として社員がキャリア形成を主体的に進められるよう支援を行うとよいでしょう。

働くことへの価値観が多様化する中で、社員が主体的に自身のキャリアを考え、会社と共有することの需要性が高まっています。研修や現場での業務におけるチャレンジは、共有されたそのキャリアを実現する手段にすぎません。

キャリア形成の6ステップ

6ステップ	定義	人事部の支援例
自己理解	進路や職業・職務、キャリア形成に関して「自分自身」を理解する	キャリア棚おろし研修
仕事理解	進路や職業・職務、キャリア、ルートの種類と内容を理解する	キャリアモデルの提示
啓発的経験	選択や意思決定の前に、体験してみる	難易度の高い仕事へのアサイン
キャリア選択に係る意思決定	相談の過程を経て、体験してみる	キャリアプラン設定研修の実施
方策の実行	仕事、就職、進学、キャリア・ルートの選択、能力開発の方向など、意思決定したことを実行する	スキル研修の実施
仕事への適応	それまでの相談を評価し、新しい職務等への適応を行う	異動などの配慮

08 社員を守るさまざまな法律

人事の仕事には、一部、判断の基準が法律により定められているものがあります。人事担当者は、的確な人事管理を行うために、さまざまな労働に関する法律について基礎的な知識を持ち合わせておくことが必要です。

労働に関するさまざまな法律がありますが、その根幹となっているのは**労働三法**と呼ばれる、**労働基準法**、**労働組合法**、**労働関係調整法**の3つです。人事担当者にとって労働三法は就業規則の策定や職場でのトラブル対処など、労働環境に関わるさまざまな場面で触れる身近なものとなります。

労働基準法とは、労働者の賃金や労働時間、休暇などの基本的な労働条件の基準を定めたものです。そのため、人事にとって押さえておくべき重要な法律だと言えます。

例えば、労働基準法には、解雇に際してのルールや、会社都合による休業の手当の割合、時間外労働の上限時間などが示されています。これらの労働条件に関して、会社は労働者に対し明示しなければならないということも、この法律の中で定めており、その内容が事実に反する場合、労働者は労働契約を破棄することができます。

さらに、**労働基準法**に定められている労働条件は最低基準であるとされ、会社側はこの基準を下まわらないよう努力する必要があります。

労働組合法とは、憲法に基づき、労働組合の結成や労働者による使用者との交渉権などを保証するものです。これは労働者が使用者と対等な立場で交渉を行い、労働者の地位を向上させることを目的としており、労働協約を締結するための団体交渉や、使用者との交渉のために労働組合が代表者を選出することが、この法律の中で定められています。そのため、労働組合が存在する企業においては、人事部は就業規則の策定や労働条件の改善について、労働組合の代表者と話し合いの場を持つことが求

労働基準法のおもな条文と内容

条文	内容
労働条件の原則（第１条）	労働条件は、労働者が人たるに値する生活を営むための必要を充たすべきものでなければなりません
労使対等の原則（第２条）	労働条件は、労働者と使用者が対等の立場において決定すべきものとされています
均等待遇の原則（第３条）	外国人である、特定の宗教を信仰している、特定の思想上の主義を持っている、社会的身分を理由として、賃金、労働時間その他の労働条件について差別待遇することは禁止されています
男女同一賃金の原則（第４条）	労働者が女性であることを理由として、賃金について男性と差別的取り扱いをすることは禁止されています
強制労働の禁止（第５条）	暴行、脅迫、監禁その他精神または身体の自由を不当に拘束する手段により労働者の意思に反して労働を強制することはできません
中間搾取の禁止（第６条）	何人も、職業紹介、労働者供給等、他人の就業に介入することを業として行い、利益を得ることは、職業安定法に基づいて許される場合を除き、禁止されています

められます。

厚生労働省の調査によると、雇用者の総数に占める労働組合員の割合は1970年代中盤までは35％前後でしたが、この数年では20％以下に低迷しており、労働組合自体が減少していることがわかります。特に中小企業では労働組合の存在はほとんど見られなくなっていますが、労働組合の発足は法律で認められているものですので、人事部として労働組合の組織の目的を認識しておくことは大切です。

労働関係調整法は、大規模なストライキなどの争議の予防と解決のために定められています。労働組合のある企業においてストライキや労働者と使用者の間に争議が生じた場合、経営者や人事部は労働組合と**労働関係調整法**に基づき、話し合いの機会を設け、早期に争議の原因である労働者の不満や要求を把握し、争議によって滞っている労働力を回復するよう、調和のための策を講じることが必要となります。

法律は、必要に応じて改正されます。人事に関係する法律改正が実施された場合、人事担当者は今までの法律との違いを把握し、自社の労働条件や労働環境、就業規則等との照らし合わせを行い、法律の改正に応じた変更が必要であれば早急に対応しなければなりません。

09 就業規則とは

労働基準法では、常時10名以上の労働者がいる場合、就業規則を定めることが義務付けられています。**就業規則とは、会社が示す労働条件を明確にするとともに、労働者が守らなければならない規律を周知し、職場の秩序を維持するためのものです。**

就業規則を制定する際には、内容について労働者代表の意見を聞き、労働基準監督署長に届出することが義務付けられています。また、制定した就業規則は掲示板やイントラネット上での掲示、書面での配布などで従業員への周知を行い、従業員が必要な時にいつでも就業規則を確認できるようにする必要があります。

また、就業規則には必ず記載しなければならないと定められている**絶対的記載項目**と、会社の判断により記載する**相対的記載項目**があります。それぞれの内容については図の通りですが、就業規則は制定後も労働条件の実態や法令の改定などに伴い、見直しを図らなければなりません。

就業規則の記載事項

就業規則の記載事項

- **絶対的記載事項** 必ず記載しなければならない時候 ※下図の1〜3
- **相対的記載事項** 制度として定める場合には記載しなければならない時候 ※下図の4〜11
- **任意的記載事項** 上記以外

絶対的記載事項	1	始業と就業の時刻、休憩時間、休日、休暇、また労働者を2組以上に分けて交替に就業させる場合には就業時転換に関する事項
	2	賃金の決定、計算、支払の方法、賃金の締切と支払の時期、昇給に関する事項
	3	退職に関する事項（解雇の事由を含む）
相対的記載事項	4	退職手当について定める場合は、適用される労働者の範囲、退職手当の決定、計算、支払の方法、時期に関する事項
	5	臨時の賃金等（退職手当を除く）や最低賃金額について定める場合はこれに関する事項
	6	労働者に食費、作業用品その他の負担をさせることを定める場合は、これに関する事項
	7	安全と衛生に関する定めをする場合は、これに関する事項
	8	職業訓練に関する定めをする場合には、これに関する事項
	9	災害補償と業務外の傷病扶助に関して定める場合は、これに関する事項
	10	表彰や制裁について定める場合はその種類と程度に関する事項
	11	以上のほか、当該事業場の労働者のすべてに適用される定めをする場合は、これに関する事項

10 社員の健康を守る

労働者にとって快適な職場の実現と、災害が生じた時の責任体制の明確化をねらいとし、**労働安全衛生法**が定められています。労働安全衛生法は、労働者の安全と衛生を守り、災害のない職場作りの実現を図るためにあり、企業は労働安全衛生法に定められた最低基準以上の安全管理体制を整備することが求められています。

労働安全衛生法の中に定められている内容はおもに2つあります。ひとつは**安全衛生関連業務を統括するための安全衛生管理体制の整備**、2つめは**労働者の安全や衛生問題を調査し、審議する機関である安全衛生管理委員会を設置すること**です。

業種によって最低基準とされる安全衛生管理体制に違いはありますが、常時50名以上の労働者を使用する企業では、何らかの安全衛生管理組織の構成が義務付けられています。また従業員が10名未満の企業では事業主が安全衛生管理を行うこと、50名未満の企業では、安全衛生推進者または衛生推進者を選任することが義務付けられています。

詳しい安全衛生管理体制については180頁の図の通りですが、体制を整備することに留まらず、これらをきちんと運用して労働者の安全と衛生が守られた職場作りを推進するために、安全衛生管理の責任の所在と対策を明確にすることが求められています。

安全管理者、衛生管理者、産業医を選任すべき規模と業種

<table>
<tr><th></th><th>林業
建設業
鉱業
運送業
清掃業</th><th>製造業　商品卸売業
電機業　小売業
ガス業　旅館業
水道業　ゴルフ場業
通信業　自動車整備業
機械修理業</th><th>その他</th></tr>
<tr><td>1000人以上</td><td rowspan="3">・事業者による「総括安全衛生管理者」の選任
・事業者による
「産業医」
「安全管理者」
「衛生推進者」の選任</td><td rowspan="2">・事業者による「総括安全衛生管理者」の選任
・事業者による
「産業医」
「安全管理者」
「衛生推進者」の選任</td><td>・事業者による「総括安全衛生管理者」の選任
・事業者による
「産業医」
「衛生管理者」の選任</td></tr>
<tr><td>300 ～ 999人</td><td rowspan="3">・事業者による
「産業医」
「衛生管理者」の選任</td></tr>
<tr><td>100 ～ 299人</td><td rowspan="2">・事業者による
「産業医」
「安全管理者」
「衛生管理者」の選任</td></tr>
<tr><td>50 ～ 99人</td><td>・事業者による
「産業医」
「安全管理者」
「衛生管理者」の選任</td></tr>
<tr><td>10 ～ 49人</td><td colspan="3">・事業者による「安全衛生推進者」の選任</td></tr>
<tr><td>10人未満</td><td colspan="3">・事業者による実施</td></tr>
</table>

11 社員の情報を守る

人事は、その業務内容上多くの個人情報を扱います。先に紹介した採用や人事評価の情報、給与の情報、その他住居や扶養家族に関する情報などです。

2015年10月より順次配布されているマイナンバーも、守るべき情報のひとつです。国民にとっては行政手続きが簡易化されるなどのメリットのあるマイナンバーですが、その情報が漏洩した場合、それが悪用され、社員がなんらかの被害にあうことになりかねません。

社員のマイナンバーを収集し、それを企業が管理することが法律で定められており、2016年1月より「報酬、料金、契約金及び賞金の支払調書」など、各種法定調書へのマイナンバーの記載が必要になっています。とくに重要なのが管理で、取扱者が正当な理由なくマイナンバーを含む個人情報ファイルを第三者に提供してしまった場合、違反の当事者が罰金や懲役などの刑に処される恐れがあります。

12 メンタルヘルスの問題とその対策

現代において社会生活を送る上で、避けて通れないのがストレスの問題です。職場におけるストレスは労働者にとって身近で重大な問題であり、メンタルヘルス問題の発展を避けるためにも、労働者と企業側両者がストレスやメンタルヘルスについて知識を持ち、予防と対策を行うことが重要です。

厚生労働省が5年ごとに実施している「労働者健康状況調査」によると、職場において身体の疲れやストレスを感じる労働者の割合は1980年頃から増加し、不況に伴い労働状況が悪化した2002年には7割を超える労働者が職場でなんらかのストレスを感じている状況にまで至りました。近年ではやや低下しているものの依然として高い割合を記録しています。

職場におけるストレスとしては、雇用形態別に見た時に最も割合の高いものが「職場の人間関係の問題」です。次いで「仕事の質の問題」、「仕事の量の問題」を、労働者がストレスに感じていることがわかります。

職場におけるストレスの原因（3つ以内の複数回答）

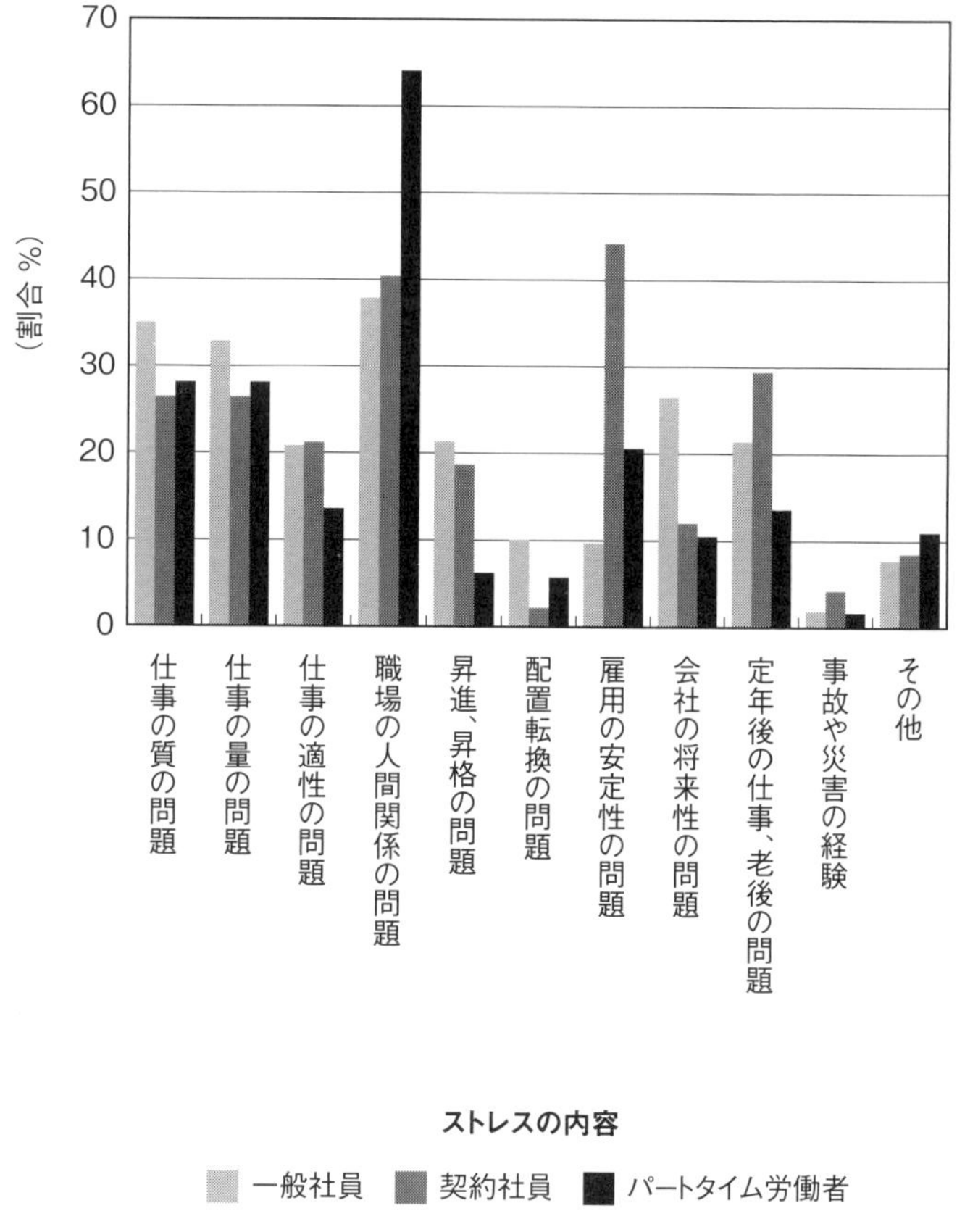

出典：厚生労働省 平成24年「労働者健康状況調査」より作成

職場の環境や与えられる仕事の内容は労働者が働く上で日々接するものです。労働者が感じる職場でのストレスは、図に示したような雇用形態によっての違いに留まらず、男女による違いや業種による違いなど、さまざまな切り口から探ることができます。適度なストレスは成長のために必要ですが、労働者が職場で不安なく働けるようにするために、労働者がストレスに感じやすい原因を取り除くことが人事の重要な仕事と言えます。

心の健康管理では、本人が自分がストレスを感じていることを認識し、その原因を取り除くことが第一に重要ですが、職場においてはさまざまな人間関係や仕事上の都合から、本人の意志や力だけでは取り除けないストレス原因が存在します。

メンタルヘルス問題の予防の具体的な施策としては、労働者が心の悩みを相談できる窓口を設置したり、研修でメンタルヘルス問題の正しい知識と個々でできる対策を周知することが挙げられます。

また、メンタルヘルス問題を正しく認識した上司や、外部の医療機関、カウンセラーなどとの面談の機会を設けることも施策のひとつです。そして何より、企業側の労働者の心の健康についての関心を示すことが、労働者にとって悩みを話しやすい職場作りにつながります。

厚生労働省が実施した「労働者健康状況調査」によると、メンタルヘルスケアについてなんらかの施策を実施している事業所は調査対象となった全国1万4000の事業所の約3割に留まりました。実施しない、またはできない理由として最も割合が高かったのは「対策方法がわからない」というものです。企業側は労働者のメンタルヘルスを守り、大切な労働力を維持するためにも、メンタルヘルスに対する施策について学び、措置を行えるようになることが求められます。

同調査によると、メンタルヘルスケアについてなんらかの施策を実施している企業で、もっとも割合が高いものが「労働者からの相談対応の体制整備」で、次いで「労働者への教育研修・情報提供」となっています。これらの施策は、労働者と企業側両者が問題について早期に気づき、対処や対策を行うことを可能にします。

相談窓口の設置や人事が相談を受ける際には、心の悩みや病を抱える労働者個人のプライバシーへの配慮はとても重要です。具体的には、労働者に対しプライバシー遵守を伝えること、親身になって相談者が辛かった状況を理解してあげること、一方で、事実を具体的に確認すること、また実際に受けた相談内容については関係者以外には口外しないことで、相談窓口への信頼が形成され、メンタルヘルスについて早期に相談がしやすい職場作りにつながります。

でも人事が戦うことで
社員が笑顔で楽しく働けるようになる

Part 5

働きやすい職場を作る

Story5　“ひとり”だけどひとりじゃない！

エピローグ　あの人の正体は……

まぁ…
そんなですが…
でも　まめっこの人材募集の「魅力」を伝える効果的な方法はネットではない…と

こうしてみると
まめっこは「タテ」と「ヨコ」のコミュニケーションがしっかりととれているんです

Story5
“ひとり”だけど
ひとりじゃない！
まめっこ
まめっこ
入社して約1年——
まめっこの
新卒採用が復活した！
新卒採用サイトがオープンしたんだって？
きぬえさん！
どんな内容で載せたんだい？
どれどれ
ここのサイトなの？
ちょっと見せてよ
いやまめっこではここみたいな大きな就職情報サイトは利用せずに…
就職情報
シュー勝！

会社のホームページ上に新卒採用のためのページを開設しました
まめっこ
採用情報
NEW
えっ　これだけなの？
はあ…
まめっこ
新卒採用
今の時代　ネットを使った情報公開がこれだけで候補者《ひと》が集まるのかい？
なんだか心配だよ…
大企業でも有名企業でもないのに…
まぁ…そんなですが…
でも　まめっこの人材募集の「魅力」を伝える効果的な方法はネットではない…と
思って…
いるんですけど…

でも何か足りないんだよなぁ…それはわかってるんだけど…
あやかさんに連絡してみようかな？
こんな時間だしメールで…
す
あ
し
せ
た
な
ブブブブ
佐藤あやか
お！さすがあやかさん返信が早いなぁ〜
こんばんは。
明日から海外出張なので、しばらく
時間を作ることができません。
ごめんなさい。
え〜っ海外出張!?
でも豊川さん、周りを見回して
みては？きっと解決策があると
思いますよ。
周り…？

まめっこ
周りかぁ……
浮かない顔だねぇ
き きぬえさん
あんたさ ひとりでなにかもかもやろうとしているんじゃないの？ ここは会社だよ 周りを見回してみなさいよ
は はい…
周りを見回してみては？
周り…
社内…

そうか…僕が
ノーアイデアでも
この中の誰かが…
ありがとう
きぬえさん！
社内を見回し　まめっこ
社員のみんなから
新卒採用について
意見を聞くうちに――
うわ～
新卒採用について の
提案メールが
こんなに…
あるアイデアが
形となり
動き出した
数週間後
豆乳ぷりん
抹茶
ぷれーん
ちょこ
いちご
新発売
抹茶
新発売
抹茶
ご試食
いかがですか～
お抹茶味
新発売で～す！
ぱく
いかが
でしょうか？

おいしい～♡
へ～オレも…
どうぞ
ありがとうございます
学生さんでいらっしゃいますか？
あ　はい
実はシューカツ中…
当社はただいま新卒社員を募集しているんですよ
ご存じでしょうか？
あ　そうなんですか！
へえ
私もまめっこの正社員なんです
まめっこは女性に優しい会社でいろいろな支援策も充実していますし…
乳ぷりん
へえ…
まめっこは今男女問わず若い力を強く求めています
まめっこ

決して大企業でも
有名企業でもありませんが
作っている商品《もの》には自信と誇りを持っています
豆乳ぷりん まめっこ
大きくない
有名じゃないからこそ
伸びしろもあります
まめっこでは
5年ぶりに
新卒採用を
行います
豆乳ぷりん
就活中の方は
ぜひお問い合わせ
ください！
こちらご覧ください。よろしくお願いします。
なぁ エントリーしてみたら？
スイーツ好きだし
向いているかも
豆乳ぷりん
抹茶・ちょこ
まめっこ

それから しばらくして——
エントリーシートが 届きだした みたいだね
はい！
社員のみなさんから 意見を募って 話をしていくうちに 「販売拠点」での アピールを 思いつきました
まめっこ
豆乳ぷりん
それなら買って もらわなくても かなりの多くの方に わが社の「魅力」や 「個性」を伝えられる のでは？と
豆乳ぷりん フェア
まめっこの「美味しさが」 候補者を集め 母集団を形成して くれました
豆乳ぷりん

なるほど わが社の食品が大好きで エントリーしたのなら
わが社に少なからず 興味があるって ことだよな
まめっこのファン みたいなもんです よんねぇ
でも… ファンだけ 集めて いいのかい？
この声…
きぬえさんです
スイーツだけじゃなくて まめっこという会社の ファンになって もらわないとねぇ
会社そのものの 「魅力」をアピール しながら
さらにそれを 維持拡大していくことも 考えてほしいね
はい そこも 考えます！
おまかせください！

今回新卒採用のアイデアを募った時に感じたのですが
まめっこの魅力は社員が商品への誇りをもっていることそして社員同士のつながりが強いことだと思うんです
そうだねぇ昔から全社員顔見知りみたいなところはあったねぇ
まあ、会社も今より ずっと小さかったからね
ですよね
そして工場や開発営業以外の社員もまめっこの商品に愛着と誇りを持っています
うちの食品は安全です。原材料は…
豆乳どーなつのアレルゲンは…
総務
経理
こういうことって会社が大きくなるにつれだんだん薄れていく傾向があるけど
わが社の場合はそうはなっていません
ほう…

経営環境の変化や社員の多様化に対応するためには「職場活性化」が必要です
組織におけるタテ方向のつながり
部署を超えてのヨコのつながり
この2つをつなげて活発にコミュニケーションしてもらうことが重要となります
まめっこでは部署をまたいでの研究会や社内イベントなどが頻繁に開かれていてしっかりと交渉がありますよね
確かに研究会や新商品発表会なんかは一見無関係な部署の社員もよく出席してるな…
わたしも出てるよ

それは経営陣が率先して社員と交流を図り盛り上げているからこそだと思うんです
まめっこまつり
専務ガンバレ〜
こうしてみるとまめっこは「タテ」と「ヨコ」のコミュニケーションがしっかりととれているんです
それが「商品に対する誇りと社員のつながり」に文字通りつながっているんだと僕は考えています
だけどまめっこも社員が増えたし
上が動くだけじゃ「職場活性化」にはならないんじゃないかね
その通りです

現場の声やアイデアを吸い上げる「ボトムアップ」や提案制度
社員意識調査などがありますが
まめっこではこれらは長年の文化として根付いています
僕でも意見を言えますから
さまざまな部門の社員同士が交流して「シナジー効果」を生むために
こんな施策もありますが——
社内公募制度
FA（フリーエージェント）制度
自己申告制度
クロスファンクショナルチーム
今後徐々に実施していきたいと思っています
成功させるためには社内のキーパーソンを巻き込むこと
これはクリアしてます！
行った施策に対して継続的・定期的にメンテナンスを行うことが大切ですが
これは人事が責任を持って行います
人事

そして まめっこという 会社の魅力 「商品への誇りと つながり」を
外部にどんどん 発信していきます！
豆乳ぷりん
私たちが 作っています！
「つながり」を大切にするまめっこ
乳ぷりん
ご試食 いかがですか？ よろしかったら こちらも どうぞ
こうした取り組みの 結果——
mameco.com
まめっこニュース
■採用情報リニューアル！
まめっこが大切にしているも
「つながり」「商品への誇

わが社が希望していた人数の
個性に溢れ豊かな発想力を持った将来のある学生が
最終面接に集まってくれた
数日後
彼らに内定を出したのかい？
はい
はたしてそのうち何人がまめっこを選んでくれるかねぇ

だ 大丈夫です 彼らにはしっかり まめっこの「魅力」を 伝えましたッ
面接なので「選ぶ」立場でしたが
こちらも彼らに「選んでもらう」ため ベストを尽くしたつもりです！
わが社は…
ぜひ一緒に働きましょう!!
そして——
彼ら全員から届きます
内定承諾書が！
まめっこ

豊川さん
郵便物です
あ
ありがとう
…これ
内定の返事
ドキ
ジョキ
ジョキ
ドキ
ドキ
ドキ
ドキ
……
……

豊川…？
お～ 内定承諾書 じゃないか
……です
内定を出した 全員から 承諾書が 届いたのか！
ポン
よ…よかった です～～！
最高の 人事の仕事が できました!!

01 職場の活性化とは

職場の活性化とは、職場が元気で勢いがある状態、活動が活き活きして盛んな状態を示します。職場を形成しているのは「人」ですから、そこで働く人それぞれが活き活き働き、さまざまな活動が盛んなことは、職場にとってよい状態であることは想像がつくでしょう。この職場活性化がこれまで以上に人事部にとって重要なテーマになってきています。なぜそのようになってきたのかを次に見ていきましょう。

●理由①経営環境の変化……ひとつにはグローバル化、技術進歩、ＩＴ化などの経営環境の変化により、企業を取り巻く環境は、以前に増してスピードと変化を求められる状況になっていることが挙げられます。また商品が限られた先進国だけでなく、低コストで製造されるようになると、商品の相対的価値は低下し、その商品を使って何を解決するかというソリューションの考え方が市場で求められるようになってきます。常に情報を収集し、共有し、どのような価値提供が求められているかを追求する姿勢が、今企業に求められています。そのためにも職場を活性化し、日頃から働く人の情報に対する意識を高め、それをコミュニケートすることを浸透させていくことが大切です。

●理由②価値観の多様化……2つめに、働く人の価値観が多様化してきた点が挙げられます。テレビが家庭に1台しかなく、家族全員で同じ番組を見ていた時代、25歳までには結婚し、30歳まで子がひとり…、というように典型的なライフプランを多くの人が描いていた時代と、現代を比較すれば、その価値観の多様化は容易に想像できるのではないでしょうか。同じ価値観を抱く人同士は、そうでない人に比べて互いの行動が理解しやすい、共同作業がしやすい傾向があります。そういう意味で、**現代の職場で、同じ目標を見据えて行動していくのは今までよりも難易度が増している**のは間違いありません。また、高度成長期の日本企業の終身雇用という特徴は、「会社が自分を守ってくれる」という大きな安心感を社員に醸成しました。会社への所属自体が本人にとって意味のあるものだったため、とにかく会社の言うことに従う、という行動になりがちです。一方、現代において会社は絶対的な存在ではなくなってきていますので、働く人それぞれが「その会社で働く意味」を考えるようになってきました。そのため、企業は、会社と社員、価値観の異なる人同士、双方の理解を深めることに努力する必要が出てきたのです。そして、人事にはそれを促進する仕組み作りという期待が高まっているのです。

必ずどれかを実施するということではなく、企業風土や状況に適した施策をうち、うまくいかない点は修正をして、創意工夫しながら企業オリジナルの施策に変えていきます。

02

さまざまな活性化策の形

企業の中におけるコミュニケーションの方向は大きく3つあります。まず、**経営者が起点となるトップダウンのコミュニケーション**です。これは、経営理念や経営戦略といった会社の考えを浸透させる目的で行われます。次に、**一般社員を起点に行われるボトムアップのコミュニケーション**があります。業務上の活動の中で感じた問題意識からの提案や組織や生産性によい影響を及ぼす施策の提案などがこれに当たります。最後に、**異なる部の社員同士によるコミュニケーション**です。同じ会社にいながら業務上のつながりが薄い社員同士が交流することで、思わぬ発見があったり、シナジー（相乗効果）が得られたりします。

それぞれの施策の具体例は次項にて説明しますが、その前にそれぞれに共通する成功のポイントを紹介します。まず、**人事部門だけで実施しようとせず、企画の段階から職場のリーダー・キーパーソンを巻き込むことが重要**です。同時に経営層にも理解と協力を求めてきます。巻き込みが不足していると、社員にとっては唐突に感じたり、「やらされ感」を持つ人も出てきますので、この根回しや運営上の工夫がとても大切です。キーパーソンの巻き込みという点での具体的な方法は、このテーマについて意見をもらいたい、とか、こういうことを企画しているが一緒にアイデアを出してもらえないか、という打診をするということです。あらかじめ情報を得ている、また、自分の意見がそこに反映されているという事実が、そのキーパーソンがその施策を職場で展開する時に説明を加えてくれるなど、組織的な行動をしてくれることを促します。

一方、過剰なコミュニケーション施策は経済的に合理的でない場合がありますし、社員を疲弊させることにもつながります。ある程度施策を継続させる必要はありますが、人事部は期待する効果が出ているかを確認しながら施策自体を見直していくことが大切です。

コミュニケーションの起点と種類

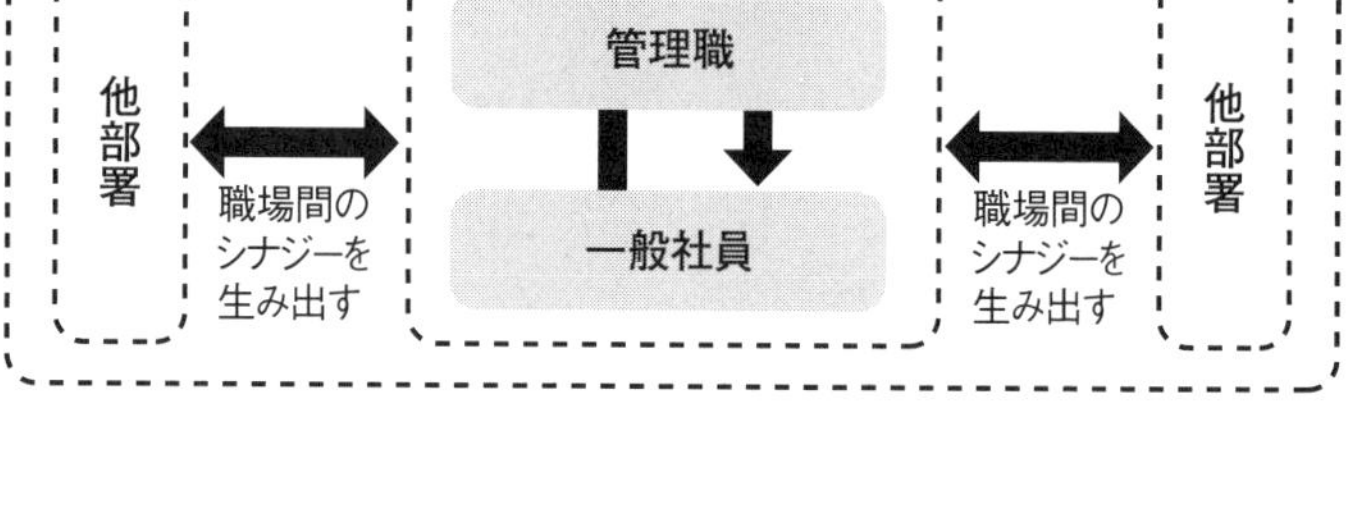
個々人の関係性の強化
経営層
職場の声・アイデアを吸い上げる
会社としての考えを浸透させる
管理職
一般社員
他部署
職場間のシナジーを生み出す
他部署
職場間のシナジーを生み出す

03 経営起点の活性化施策

自社の考え方にふさわしい行動をマネジメントや社員にとってもらうために、経営理念や方針を浸透させることはとても重要です。社員がその方針を自ら行動レベルに反映させるようにするためには、まずは頻度が必要です。1回伝えたから大丈夫、ではなく、何度も何度も伝えることで、徐々に浸透していくものですので、それを念頭に人事部は活性化施策を企画していきましょう。

Part3で紹介した**人事評価は、経営の考えを社員に伝えるひとつのコミュニケーション施策であるとも言えます。**人事部門では、企業の経営理念・方針も視野に入れつつ、中期経営計画、事業計画をよく理解し、どのような能力発揮や成果創出が社員に求められるか、またそれぞれの等級ごとにはどう区分されるかを整理します。評価制度は人事部がその作成をリードしても、実際に運用するのは各事業や部門のマネジメントになります。そのため、マネジメントの意見も聞きながら設計していきます。評価制度は、社員に対する期待値、何によって評価されるかを示すものですから、会社の考え方が色濃く反映されるということになります。ここで注意したいのは、短期視点と中期視点をバランスよく盛り込むことです。例えば、毎月の売上だけを評価制度の目標とした場合、それは「月単位」での数字目標だけがそれを付与された社員の意識の中に残ります。もちろん、社員に求めることを数値化しているのでわかりやすいですし、それも重要な評価の指標です。ただ、人は数字獲得マシーンではありませんので、この一年間の間にどういう組織的な行動・貢献を期待するかや次の等級に進むために、どのようなことにチャレンジしてほしいなど、その社員が自身の成長や組織に対するさらなる貢献を意欲的に考えられるような目標も立てる必要があります。

マネジメントの期待を社員に展開する際、有効なのが目標管理制度です。１９５０年代にＰ・Ｆ・ドラッカーが提唱した経営管理方式のひとつで、企業目標を部門に展開し、更には個人レベルに落とし込み、個人目標を設定します。目標伝達の際は、社員と上司が面談を行い、目標達成するために何が必要かを具体的に話し合います。会社目標の展開から自分の目標に対するつながりが理解できることで、自分の会社組織への貢献意義が感じられますし、経営層から管理職へ、そして社員一人ひとりへと、企業の考え方や事業計画をリレーのように伝える効果があります。

また、**経営層自らが直接全社員にその考えを伝えるのが全社会議などのイベントです。**半年に1回程度定期的に実施し、経営層から社員へ経営理念・方針を繰り返し伝え、経営計画のレビューを実施し、社員に企業の現状を報告します。また、経営層の問題意識を社員に共有したり、逆に成功事例を企業全体で共有する場として活用することも効果的です。同じ企業内であっても、別の部門や離れた事業所で勤務する社員同士では、自主的な情報交換は、日常業務の中では難しいものです。ノウハウを企業に蓄積し、企業のリソースを最大限活用するためにも、全社会議などのイベントの持つ役割は大きいと言えます。全社ほど規模が大きいものでなくとも、大きな会社であれば事業部全体でのコミュニケーションイベントを行うことも有効です。

経営に対する社員の関心を喚起する上では、社員持株会も有効です。これは、企業が社員に対し、その企業の株を購入する人を募集する制度で、自分で選択し、自ら働く企業の株式を購入し株主になります。自分が株主になることで、働く企業の経営に対してより主体的になり、経営層からの情報が浸透しやすくなります。

類似した手法にストックオプション制度があります。これは、企業の株式そのものではなく、企業の株を一定の価格で購入できる権利を社員へ与える制度です。権利を得た社員は、その企業の株の価値を高めるために業績向上に励むようになります。ストックオプション制度は、権利を行使し株を購入する場合はお金を支払う必要がありますが、権利を放棄すれば一銭のお金も払う必要がない点が社員持株会とは異なります。ストックオプション制度は、インセンティブ的要素が強いため、企業が何らかの功績があった社員に与えることが多く、権利を得た社員のモチベーションを喚起します。

一方、**経営層が優秀な社員を称える表彰制度の導入にも、会社の考えを浸透させる効果があります。**古くからある永年勤続・新人賞・目標達成や、社長賞などさまざまな種類があり、模範となる社員・成果・行動を讃えることが、本人への動機付けもさることながら周囲の社員に対するひとつのメッセージとなるのです。人事制度上の評価結果の反映については、昇給や賞与額など金銭的なものは本人にしかわからないことですが、表彰は「知らしめる」ものですので、それを念頭に入れて、人事制度とどのように連携して、また区別して運用するかを考えていきましょう。表彰制度の運用では、評価事実を明確にすることで、表彰に対する周囲の理解を高めたり、どのくらいの成果や貢献をした時に表彰される（可能性があるの）かがイメージできるため、次に目指したい意欲的な人材に対する動機付けにつながります。

04 社員起点の活性化施策

日常業務の中で、社員は最前線で顧客ニーズや・現場レベルでの問題点を感じています。一方、経営層・管理職など現場から距離があるポジションでは、現場感覚が希薄になりがちで、顧客ニーズの変化や市場の変化をつかみにくいものですが、常にそれらを把握し経営判断につなげていくことが企業の継続的発展には欠かせないことです。そのため、**人事部門は現場社員のアイデアがマネジメントにも風通しよく伝わるような風土作りや施策を意識して行う必要がある**のです。

ボトムアップの施策を行う際は必ず、吸い上げた社員の声・アイデアを活かすための審査のプロセス、また社内にいつどのように報告するかを計画します。そして、採用しない意見・アイデアについても、できる限り社員へフィードバックを行います。社員から意見を挙げてもらうだけで終了してしまい、その後の音沙汰なしという状態は、逆に社員の不満となりますので気をつけましょう。

代表的な施策に**提案制度**があります。提案制度とは、社員からさまざまな提案を促す制度です。提案内容は、職場の問題改善提案から、新商品・サービス・新規事業の提案に至るまで多岐に渡ります。

提案制度の多くは、社員の自主性に任せ、自由応募方式をとります。つまり、「業務改善」「新規事業の提案」などテーマを人事部門が掲示し、それに対して社員の提案を募るのです。社員にとっては、通常業務にプラスして、提案を考えたり、資料を作成したりすることになるので、相応の負荷がかかります。企業風土にもよりますが、提案制度を作り応募を待っているだけでは、なかなか数が集まらないこともよくあります。人事部から個別に応募を促す声かけをするなども大事です。

提案制度が組織に根差すと、社員が自主的に「考えて提案する」姿勢を持つようになり、同時に組織への参画意識を持つようになる効果があります。また、採用されなかった提案についても、どこが良くてどこが改善点かをフィードバックすることで、次へのチャレンジ意欲を喚起すると同時に、育成効果も期待できます。

また、職場活性化施策そのものではありませんが、**社員意識調査を行い、組織状態の健康診断を行う、ということも有効です。**社員意識調査は、社員が現状に対して何にどのくらい満足し、不満を抱えているかを確認するものであり、定量的な情報収集をすることができます。また、これを行うことで、経営側が社員の意見を聴きたいというメッセージにつながりますので、この調査をもとに、改善が行われていけば会社に対する社員からの信頼感が醸成されます。社員意識調査を行う時のポイントについて次に整理します。

●ポイント①社員意識調査の目的を明確にする

社員意識調査を実施する際は、実施目的を明確にした上で、調査票設計を行います。調査目的の例としては、次のようなものが挙げられます。

・経営理念・ビジョンの浸透度を調査する
・組織風土・社員のモチベーションを診断する
・現行制度の効果確認・満足度を確認する

●ポイント②ひとつの質問でひとつの内容を確認する

調査目的が決まれば、質問の構成と作成に入りますが、ここで初心者が失敗しがちなのは、ひとつの質問文に、複数の聴きたいことを入れてしまうことです。このようにした場合、回答の意味することが正しく把握できないので、一質問、一内容を意識して質問を作成しましょう。

●ポイント③記名にするか匿名にするかを決定する

匿名にすると率直な意見を確認することができます。一方で、無責任な意見が挙がりやすいという傾向もあります。どちらを重要視して調査をするかを慎重に考える必要があります。また、例え記名式であったとしても、回答結果のプライバシーは守るということが重要で、もし誰の意見かを公開してその後の施策を推進する必要がある場合は、本人にあらかじめ断った上で公開をするようにします。

●ポイント④属性ごとに分析できるように、属性質問を設計する

例えば、社歴や部署の違いによって意見が違いそうだという仮説を立て、これらを後で比較できるように回答者の属性の質問を設けておきます。ただし、あまりたくさん質問すると、例え匿名（無記名）でも個人が特定できてしまうことになるので、回答者に率直に回答してもらうためにも、属性があまり細かくならないように配慮します。

●ポイント⑤必ずフィードバックをする

調査後、人事部門は結果を集計・分析し、まず経営層への報告を行います。ここでこの結果について、今後どのように対応していくかを話し合い、その結果概要を社員にも報告

します。まずは、これらがタイムリーなことがとても重要で、会社規模にもよりますが、結果を回収してから1カ月以内に行われることが理想です。

●ポイント⑥社員意識調査は定期的に実施する

調査は毎年または隔年で実施し、調査結果の定点観測を行うと効果的です。これによりとった施策の効果がわかりますし、社員に対しても継続的な取り組みをしている経営側の姿勢について信頼感を高めることができるでしょう。ただし、マンネリ化しないように質問を見直すこと、グループインタビューなどで定性的な声も確認することも必要です。

03

部署を越えたコミュニケーションを促進させる

企業の中にはさまざまな部門があり、それぞれの部門のミッションは異なります。その中で働く社員が、セクショナリズムに陥らず、部門という枠を越えて問題意識や情報を共有し、協力し合える関係を構築することは、会社運営にとって非常に重要です。

社員同士のコミュニケーションを密にするための施策は数多くありますが、その効果については目に見えにくいこともあり、バブル崩壊やリーマンショック後、経費削減の流れの中で、一度は取り組みを止めた企業も多くありました。しかしその後、社員同士のコミュニケーション不足から、協働がなかなかうまくいかない、ノウハウの共有が組織内で行われないなどの問題を感じた企業も多く発生しました。

そこで昨今では、関係性を強化する施策の重要性を改めて見直す企業が増えています。今回はその施策の一部を紹介します。

施策1．仕事外のアナログなコミュニケーション促進

バブル崩壊後に一度は下火になったにもかかわらず、最近その効果を見直す企業が多い

施策のひとつが、「運動会」「社員旅行」といったアナログなコミュニケーションです。いずれも、企業が実施費用の一部を負担します。目的は日頃の社員の働きに対する慰労と、社員同士の交流がメインですが、例えば、進んだ取り組みをする企業や施設を見学するなど、教育的要素を盛り込んだ企画が含まれる場合もあります。いつも働く場所を離れているという非日常の空間の中で部門の壁は取り払われ、いつもと違うメンバーとの交流をはかりやすくし、社員同士の関係を深める効果があります。

同様の目的で、企業におけるサークル活動や懇親会に一部補助を設けている企業もあります。社員の誕生日を社内で共有して誕生日会を行うことを促進したり、社長とランチの機会を設けるユニークな取り組みを実施している企業もあるようです。

人間関係は、互いが共通項を発見した時に親密さを増します。サークル活動を通して共通の趣味を楽しむことは、社員同士が日頃の上下関係や部門の関係性を越えて打ちとけ合うきっかけとなり、仲間意識を生み出します。また、食事や飲み会という職場にはないリラックスした雰囲気の中では、社員同士の会話がはずみます。互いの家族構成や休日の過ごし方、趣味の話などさまざまな話題を行う中で、意外な一面や共通する事項を発見するなど、名前も知らなかった者同士が急激に関係性を深めることも可能です。

会話が仕事の話に及ぶと、異なる職場で働く社員のリアルな声を聞くこともできます。

経営層や管理職、人事部門にとっては社員が日頃困っていること・不安に感じていることを聞くことができるという点でも、貴重な機会となります。

施策2．お互いを知るための社内報

電話やメールにより業務上のやりとりが完結することが多い昨今の職場環境では、社員同士が互いの働く様子を意識しなくなるだけでなく、顔がわからない相手と仕事をすることも多くなっています。そのような職場環境において社内報は、社員同士が互いを認知することを助け、同時に経営層の想いや方向性を伝えることができる効果的なコミュニケーション・ツールです。社内報を担当する部門は企業によってさまざまで、人事部門以外にも広報部・総務部などが担当する場合も多いようですが、人材をうまく活用し、経営層と社員の間をつなぐべき立場にある人事部門は、社内報を上手に活用しない手はありません。コミュニケーション・ツールとしての社内報も、社員が読んで初めてその効果を発揮します。では、読まれる社内報を作成するには、どのような工夫が必要なのでしょうか。

●ポイント①社員にフォーカスする

社内報を社員に読んでもらうためには、まずあらゆる角度から社員をフォーカスし掲載します。人事考課上の評価軸とは異なる視点からも社員を取り上げるコンテンツを企画し、できるだけ多くの社員にスポットを当てます。

記事には、極力顔写真を掲載します。そうすることで、離れた職場で働く社員同士も、互いに顔と名前を認識できるようになります。トピックスは、仕事上の出来事にかかわらず、家族の紹介や趣味、お勧め本の紹介など、社員一人ひとりの人柄が伝わる記事にするよう工夫します。当然ですが、面白い記事を書く目的であっても社員の誹謗中傷となりそうな表現・内容は避けるように気をつけましょう。

●ポイント②経営層を巻き込みメッセージを伝える

社内報では、日頃関係性が薄くなりがちな経営層と一般の社員の間を埋める効果も期待できます。社内報の編集時は、あらかじめ経営層を巻き込んでおき、定期的に経営戦略・計画を盛り込んだ社員へのメッセージを伝えてもらうように依頼します。

内容は決定事項だけを伝えるのではなく、その経緯・プロセスを盛り込むとよいでしょう。なぜなら、日常業務の中では決定事項のみが一般の社員に伝えられ、その意思決定プロセスや背景まで十分に説明できないケースが多いからです。そのため、社員は事態を理解しないまま業務に当たることになりますが、これでは納得感も企業に対する理解も社員は持つことができません。経緯・プロセスを知ることで、社員は経営層の考えや悩みを共有することができます。

●ポイント③タイムリーな情報共有を行う

各部門の情報を社内に共有する場としても社内報は有効です。例えば、部門で開発した新しいサービスや取り組みを紹介することで、社内でそのノウハウを共有することができます。成功事例や失敗から学んだ経験を取り上げるのもよいでしょう。そうすることで、他の部門に対する理解が深まり、「自分たちだけが大変なわけではない」と一体感や助け合う意識を醸成する効果もあります。

施策3．ウェブツール・SNSの活用

サービス業の発展に伴い、社員同士の勤務場所が離れていたり、お客様先に出向したりするケースが珍しくなくなりつつある中、これまで紹介した施策の実現を助けるサービスが多数生まれています。代表的なのが社内ＳＮＳツールです。アナログなコミュニケーションほど直接的な効果は見込めないかもしれませんが、ブログ形式でお互いの近況を報告したり、掲示板形式で情報共有をしたり、目的に応じて導入するのもよいかもしれません。

施策4．部署の垣根を越えた業務シナジーを形成するクロスファンクショナル・チーム

クロスファンクショナル・チームとは、複数の部門・職種・職位の社員及び、必要であれば社外の人材も登用し、企業における経営問題を解決するために結成されるチームのことです。通常は、一時的なプロジェクトチームとして結成されることが多いですが、独立した部署として設置する場合もあります。

さまざまな経験・視点を持った社員が、集まって意見を交わすことで、新たな価値創造や、課題解決に取り組みます。そのテーマは、品質向上・業務改善・新規事業の開発・コスト削減など多岐にわたりますが、あらかじめ多くの部門のキーパーソンをプロジェクトに巻き込んでいるため、実行段階でさまざまな部門の人たちの協力体制を敷きやすいというメリットがあります。また、部門を横断して知恵を結集し、コラボレートしていく中で、メンバー及びプロジェクトに関わる社員の間では一体感が醸成され、その企業に対するロイヤリティ向上にも効果があります。

同様の効果は、社内公募制度・FA制度・自己申告制度といった、どれも社員が自ら意思表明をする機会を持つことができるという点では、同じ効果を持つ制度ですが、それぞれの用途は下記のように異なります。

これらの制度は、社内でのキャリアパスの可能性を広げ、優秀な人材の社外流出を防ぎます。また、縦割りの部門を横断して異動する社員が増えるため、社内流動性を高め、硬直化した組織を柔軟にするという相乗効果も期待できます。

社内公募制度、ＦＡ制度、自己申告制度の違い

	社内公募制	ＦＡ制度	自己申告制度
応募条件	一定の要件を満たす社員	一定の要件を満たす社員	なし
ポストの範囲	欠員が出たポスト	自分の希望の範囲	自分の希望の範囲
募集時期	欠員が出た場合	対象者が出た場合	異動時期
特徴	欠員の出たポストで勤務したい場合に申請する	希望する部署に自らの経歴や能力を売り込む	ポストにかかわらず自らの希望を申請できる

エピローグ
あの人の
正体は……
泣いている
場合ですか
豊川さん？
あれ
この声
……
きぬえさん
じゃない…
カッ
カッ
新人社員への
フォローも
人事の重要な
仕事ですよ

新卒採用の
成功、おめでとう、
豊川さん
な　なんで
まめっこに……？
あやか！
えっ？
えっ？
あやか？
な、なんで…!?
やっとここに
戻ってきて
くれるのかい？
ただいま
きぬえさん
ごぶさたしていて
ごめんなさい
ただいまって…
ど、どういうこと!?
おかえり
あやか

皆さん
ご紹介します
彼女は
佐藤あやか
私の娘であり
了一の妹だ
…ってことは
佐藤さんは
まめっこの社長令嬢!?
えー
黙っていて
ごめんね
彼女はまめっこを
継ぐのを嫌い
実家を飛び出して
海外に出て
行ったんだ

その節は
ご心配をおかけしました
あやか
そのまま向こうで
生き抜いて
「プロ」になったのは
本当に偉いよ
でもね
私ももう
80歳だよ
そろそろ戻って
きてくれても
いいんじゃないかね
おばあちゃん
…
おば…おば…
おばあちゃん!?
きぬえさん
が!?
佐藤さんが
きぬえさんの孫で、
社長令嬢……ってことは、
じゃあきぬえさんは……!?

皆さん黙っていて申し訳ない
きぬえさん佐藤絹江は創業者夫人
まめっこの会長なんだ
えーっ
ということだよな
夫婦で豆腐屋から始め会社化した後も役員として経営に参画していたが——
まめっこ
さとう豆
副社長
初代社長である夫が亡くなると経営は我々息子たちに任せ会長職に退いたんだが…
会長
趣味というかなんというか
掃除をしながら会社を見守るといって聞かなくてね

そんなことを
私が入社前
から…
まいったな〜
きぬえさん…
じゃない
きぬえ会長
いやだねえ、
今まで通り
きぬえさんで
いいよ
豊川信吾くん
この日を迎えられたのは
あんたのおかげだよ
え
どうして
僕の？
あんたの
成長の速さを見て
気がついたんだよ
これは一流の「人事の
プロフェッショナル」が
教えているに違いないってね

それもかなり熱心に
そうなりゃもう一人しか浮かばない
出ていったクセに実家《まめっこ》が心配だったんだね
おばあちゃん……
だから豊川くんを人事マンとして育ててくれたのか

豊川くんが偶然にもあやかを頼ってくれたことで
我々佐藤家は再び家族としてまとまることができそうだよ
?
あやかがソイションの経営を続けながら
まめっこの取締役を兼務してくれることになったんだ
あやか…
おばあちゃんよかったね

え　え～っと　じゃあ　佐藤さんは　これからは…
あなたの　上司となります
つまり　優しい「先生」ではなくなる
これからは　本気でビシビシ　しごくから　覚悟してね
は　はいっ

あ　あの
佐藤さんって
素ではあんな
感じなんですか
……？
会長
きぬえさん…
じゃない、
いやだね、
あんたまで、
わたしゃ
会長やめても
掃除は
やめないよ
さてね
何しろ10年前に
出ていったきり
だったから…
あの頃は
もっと怖かった
かもね
それに
空手二段
剣道三段だし
私も本気で
隠居しよう
かねぇ
こっちに
専念しようかしら
あわせて五段…
まめっこ
まめっこ
豊川さん！

こんな社内報じゃ誰も読まないわよ
は　はいっ
社内報や社内SNSの活用も
「社内活性化」に効果があるんだから
もっとしっかり考えて！
はいっ!!

厳しいけどある意味得だよな
「人事のプロフェッショナル」にいつもそばでビシビシしごかれるんだから
あやかさんに負けないくらいの「プロフェッショナル」になるぞっ！

【参考文献】

●『はじめの1冊！ 人事の仕事がよくわかる本』株式会社トライアンフ著（日本能率協会マネジメントセンター）

●『バリュー・クリエーター』アンジャン・V・セイカー著、松林博文訳（ダイヤモンド社）

【参考ウェブサイト】

●厚生労働省 http://www.mhlw.go.jp/

●経済産業省 http://www.meti.go.jp/

●内閣府 http://www.cao.go.jp/

●東京商工リサーチ http://www.tsr-net.co.jp/

●日本産業カウンセラー協会 http://www.counselor.or.jp/

●リクルートワークス研究所 http://www.works-i.com

●ジョブウェブ http://www.jobweb.jp/

●一般財団法人労務行政研究所 http://www.rosei.or.jp/

【著者紹介】

株式会社トライアンフ

採用・給与計算アウトソーシングや組織人事コンサルティングを行う企業の人事専門パートナー。「自社で実験、検証し効果的な方法だけをお客様にご提案する」という現場の実務に即した問題解決に定評があり、そのノウハウを活かした公開セミナーや外部講演も行っている。1998年設立。

【執筆者紹介】

若竹 知子

元㈱トライアンフ 取締役副社長

大学卒業後の約６年間、専門商社、外資系企業にて採用、教育関連の仕事に従事し、2000年より株式会社トライアンフにて、成長志向の中堅・中小企業の人事改革、人事戦略策定、人事制度設計、組織診断、教育プログラム開発案件等に携わる。得意分野はコンピテンシー設計および開発。

■広報マーケティンググループ

田中 武征

編集協力／MICHE Company. LLC
シナリオ制作／青木健生
作画・カバーイラスト／神崎真理子

マンガでやさしくわかる人事の仕事

2016年3月5日　　初版第1刷発行
2023年5月25日　　第5刷発行

著　者 —— 株式会社トライアンフ

発行者 —— 張 士洛
発行所 —— 日本能率協会マネジメントセンター
〒103 - 6009　東京都中央区日本橋　2-7-1 東京日本橋タワー
TEL　03(6362)4339(編集)／03(6362)4558(販売)
FAX　03(3272)8127(販売・編集)
https://www.jmam.co.jp/

装丁／本文デザイン —— ホリウチミホ（ニクスインク）
本文 DTP —————— 株式会社明昌堂
印刷所 —————— シナノ書籍印刷株式会社
製本所 —————— 株式会社三森製本所

ISBN 978-4-8207-1941-0　C2034
落丁・乱丁はおとりかえします。
PRINTED IN JAPAN